増補改訂版

「日本語能力試験」対策

日本語総まとめ N1

NIHONGO SO-MATOME

佐々木仁子
松本紀子

英語・ベトナム語訳

語彙
ごい

| 語彙 | Vocabulary | Từ vựng |

ask

この本で使用しているマーク

➔	関連する語彙
↔	反対の意味
❗	注意しましょう
(N)	名詞（noun）
(V)	動詞（verb）
☞ p. X	Xページを見てください

はじめに

この本は
- ▶「日本語能力試験」N１合格を目指す人
- ▶中級が終わって上級レベルの勉強を始めた人
- ▶日常生活でよく使われる語彙を学びたい人

のための語彙学習書です。

◆この本の特長◆

- 日本語能力試験 N1 レベルの語彙をトピック・使い方などのグループごとに学びます。
- 約 1,300 語を、その言葉だけでなく、短い文や語句を使って効率よく覚えられるよう工夫しました。
- 言語知識（語彙）だけでなく、読解や聴解問題、日常生活でも役立つ語彙が身につきます。
- １週間に１回分、テストがついているので、理解の確認ができます。
- 英語・ベトナム語の訳がついているので一人でも勉強できます。
- 模擬試験が２回分あるので、より実際のテストに近い形で確認ができます。

この本で覚える漢字は、毎日どこかで見る漢字ばかりです。
楽しく勉強していきましょう。

2023 年２月

佐々木仁子・松本紀子

This vocabulary study book is for:
- those who are seriously studying for the new JLPT Level N1,
- those who have finished the intermediate level study and are studying at the advanced level,
- those who want to study useful everyday vocabulary.

◆ The special features of this book ◆
- You will learn the JLPT Level N1 vocabulary through studying its usage in different situations,
- It offers efficient ways to learn approximately 1,300 words through the provision of short sentences, clauses, and illustrations,
- You will learn not only vocabulary but reading skills, listening skills and useful everyday expressions,
- The inclusion of a weekly test will enable you to regularly check your learning,
- The English and Vietnamese translations will enable you to study alone,
- You can test your ability with the two JLPT practice exams

You will need to learn vocabulary for more formal sentences at the advanced level. Your small daily efforts will increase your vocabulary.

Tài liệu học tập từ vựng này dành cho:
- Những bạn đặt mục tiêu thi đậu cấp độ N1 của Kỳ thi Năng lực Nhật ngữ.
- Người đã học xong trình độ trung cấp, và đang bắt đầu học lên trình độ cao hơn.
- Người muốn học những từ vựng được dùng nhiều trong sinh hoạt hàng ngày.

◆ Những điểm đặc sắc của quyển sách này ◆
- Bạn sẽ học từ vựng thuộc cấp độ N1 của Kỳ thi năng lực Nhật ngữ theo nhóm như chủ đề, cách dùng v.v.
- Cuốn sách được biên soạn để giúp bạn học hiệu quả khoảng 1.300 từ vựng bằng cách sử dụng các câu ngắn hay cụm từ chứ không chỉ học từ vựng đơn thuần.
- Các bạn không chỉ nâng cao kiến thức ngôn ngữ (vốn từ vựng) mà còn học thêm được các cụm từ hữu ích trong sinh hoạt hằng ngày, trong các bài thi đọc hiểu và nghe hiểu.
- Bài tập kiểm tra hàng tuần sẽ giúp bạn kiểm tra mức độ nắm bắt của mình.
- Phần dịch tiếng Anh, tiếng Việt giúp bạn có thể tự học một mình được.
- Vì có 2 bài thi thử nên bạn có thể kiểm tra theo hình thức gần với bài thi thật hơn.

Trình độ cao cấp đòi hỏi bạn phải nắm được những từ vựng thường thấy trong các đoạn văn có nội dung hơi khó. Hãy nỗ lực từng chút một để dần dần mở rộng vốn từ vựng nào!

目次

「日本語能力試験」N１について

試験日

年２回（７月と１２月の初旬の日曜日）

※海外では、試験が年１回の都市があります。

レベルと認定の目安

レベルは５段階（N1 ～ N5）です。

N1 の認定の目安は、「幅広い場面で使われる日本語を理解することができる」です。

試験科目と試験時間

N1	言語知識（文字・語彙・文法）・読解	聴解
	（110 分）	（55 分）

合否の判定

「得点区分別得点」と、それらを合計した「総合得点」の二つで合否判定を行います。得点区分ごとに基準点が設けられており、一つでも基準点に達していない場合は、総合得点が高くても不合格になります。

	得点区分		
N1	言語知識（文字・語彙・文法）	読解	聴解
0 ～ 180 点	0 ～ 60 点	0 ～ 60 点	0 ～ 60 点
総合得点	得点の範囲		

N1「語彙」の問題構成と問題形式

大問	小問数	ねらい
文脈規定	7	文脈によって意味的に規定される語が何であるかを問う
言い換え類義	6	出題される語や表現と意味的に近い語や表現を問う
用法	6	出題語が文の中でどのように使われるのかを問う

〈文脈規定〉の問題

（　　　）に入れるのに最も良いものを、1・2・3・4から一つ選びなさい。

例）　機械の（　　　）作動によるトラブルが多数発生している。

1　偽　　　2　誤　　　3　被　　　4　乱

① ● ③ ④

〈言い換え類義〉の問題

＿＿＿の言葉に意味が最も近いものを、1・2・3・4から一つ選びなさい。

例）　人をあざむいて、平気でいられるなんて信じられない。

1　くるしませて　　2　だまして　　3　きずつけて　　4　まよわせて

① ● ③ ④

〈用法〉の問題

次の言葉の使い方として最もよいものを、1・2・3・4から一つ選びなさい。

例）　いたわる

1　病人をいたわるのは当たり前のことです。
2　母はこれまでの努力をいたわってくれました。
3　これは祖母がいつもいたわっていた人形です。
4　先生は生徒の生活をいつもいたわっています。

● ② ③ ④

試験日、実施地、出願の手続きのしかたなど、「日本語能力試験」の詳しい情報は、
日本語能力試験のホームページ https://www.jlpt.jp をご参照ください。

この本の使い方

◆本書は、第１週～第８週までの８週間で勉強します。日本語能力試験で出題される語彙を、１日に 20 語～ 40 語、全部で約 1,300 語、取り上げています。

This textbook is designed as an 8-week course. You will study 20 –40 words a day, approximately 1,300 words in total, which are found on the JLPT.
Quyển sách này dùng để học trong 8 tuần, từ tuần thứ 1 đến tuần thứ 8. Các bạn sẽ học 20-40 từ vựng mỗi ngày, tổng cộng khoảng 1.300 từ thường thấy trong kỳ thi Năng lực Nhật ngữ.

◇まずここに書いてある問題を解いてみましょう。

Let’s start by answering the questions here.
Đầu tiên hãy thử trả lời câu hỏi ở đây.

◇覚えてほしい語彙がまとめてあります。

The words you need to learn are put together.
Những từ vựng bạn cần học được tổng hợp lại.

◇「✻□に入れて読もう」では、□の中に下に並んでいる語を入れ、声に出して読みながら覚えましょう。

In the “✻□に入れて読もう” (Let’s make new phrases) sections, insert each of the words below in the box and read the sentences aloud to help you to memorize them.
Trong phần “✻□に入れて読もう ”(Hãy thử ghép vào □), hãy ghép những từ vựng ở bên dưới vào □ và đọc to lên để ghi nhớ.

◇「おぼえよう」、「もっとおぼえよう」では、短い文やフレーズを何度も読んで、覚えましょう。

Try to memorize by reading the short sentences and phrases under “ おぼえよう ”(Let’s memorize!) and “ もっとおぼえよう ”(Let’s memorize more) sections.
Trong phần “ おぼえよう ” (Hãy ghi nhớ) và “ もっとおぼえよう ” (Hãy ghi nhớ thêm), hãy đọc các câu ngắn và cụm từ nhiều lần để ghi nhớ.

第１週 4日目

いろいろ表現しよう①

どんな行動・態度？①

学習日　月　日(　)

Q.（　　）に入るのは？
友達を(　　　)。

もてる
けなす
もめる
「友達を」と言えるものは一つだけで、「非難する」に言い換えられます。

おぼえよう　人と関わるとき使う動詞

✻□に入れて読もう

〈人〉を□

なだめる	calm down Làm dịu đi, xoa dịu	裁く	judge, pass judgment (on) Phán quyết, đánh giá
いたわる	be kind to An ủi, vỗ về	かばう	protect Bảo vệ, bênh vực
しつける	train, discipline Rèn vào khuôn phép, dạy dỗ	励ます	encourage Khuyến khích, động viên
ちやほやする	dote on Chiều chuộng	もてなす	entertain Tiếp đãi chu đáo, làm cho hài lòng
おだてる	flatter Nịnh nọt, nịnh hót	冷やかす	tease Chọc ghẹo
あざ笑う	make fun of someone Cười nhạo	おどす	threaten Đe dọa
あざむく	cheat, deceive Lừa đảo	けなす	disparage Soi mói, chỉ trích
ねたむ	be jealous Ghen tỵ, ấm ức	ののしる	scold, curse Nguyền rủa
さらう 誘拐する	kidnap Bắt cóc	なじる	take someone to task Khiển trách, trách móc
		とがめる	reproach Phê phán, chê bai
殴る	punch Đánh, đấm	やっつける	vanquish Đánh bại, đánh đuổi

〈人〉に□

恋(を)する	fall in love Yêu	なつく	become attached Gần gũi, bám riết
片思い(を)する	love unreciprocatedly Yêu đơn phương	親しまれる	be liked Trở nên thân thiết
尽くす	do one’s best Tận lực	もてる	be popular among the opposite sex Được (người khác giới) ưa thích / yêu mến
食事をおごる	treat a person to a meal Đãi ăn	出くわす(=たまたま出会う)	run into Tình cờ gặp
お小遣いをねだる	plead for some pocket money Xin xỏ / nài nỉ tiền tiêu vặt	言いつける	tell on, order (someone to do) Sai bảo, méc, mách
寄付を強いる	press to contribute Ép buộc quyên góp	告げ口(を)する	tell on Mách lẻo, mật báo
新しいバッグを見せびらかす	show off one’s new bag Khoe cái túi mới	嫌がらせ(を)する	harass, be nasty Bắt nạt, ăn hiếp
		秘密をばらす	expose a secret Làm lộ bí mật

18

◆各週の１日目から６日目までは、場面別または機能別に語彙を学習します。７日目は１日目から６日目までの復習（＋もっと）と「まとめの問題」で、その週で勉強したことを確認します。

Every week from Day 1 to Day 6, you will study the vocabulary that is organized according to both situations and functions. On day seven, you will check what you have studied during the week using a review of Days 1–6 (+more) and summary questions.
Từ ngày thứ nhất đến ngày thứ 6 mỗi tuần các bạn sẽ luyện tập từ vựng được nhóm lại theo chức năng hay tình huống. Ở bài ngày 7 là phần luyện tập từ ngày 1 đến ngày 6 (+ thêm phần ngoài) và "Bài tập tổng hợp" có thể xác nhận những nội dung đã học trong tuần đó.

◆第８週が終わった後は、「模擬試験」で日本語能力試験と同じ形式の問題を解いてみましょう。

After you finished the 8th week, please try to answer the questions in practice tests which questions are designed in the same format as JLPT exam.
Sau khi đã xong 8 tuần, hãy làm bài tập có hình thức giống với kì thi năng lực tiếng Nhật trong phần "đề thi thử".

１日目～６日目		７日目				
場面別・機能別に語彙を学習	—	復習（＋もっと）とまとめの問題で力がついたか確認	→	次の週へ	→	模擬試験

もっと
おぼえよう

近所の人ともめる	bicker with the neighbors Cãi nhau với hàng xóm		
家族を養う	support one's family Nuôi cả gia đình		
名付ける	name Đặt tên	➲名付け親	a godparent Người đặt tên/Cha mẹ nuôi
人見知りする	be shy in front of strangers Nhút nhát, lạ người		
へりくだった態度で接する	attend humbly, be humble Tiếp đón với một thái độ nhún nhường/khiêm tốn		
関係がこじれる	a relationship gets complicated Mối quan hệ trở nên bất hòa	➲風邪をこじらせる	aggravate a cold Làm bệnh cảm nặng thêm/trầm trọng thêm
話がこじれる	a matter gets complicated Câu chuyện trở nên rối rắm		

第1週 第2週 第3週 第4週 第5週 第6週 第7週 第8週

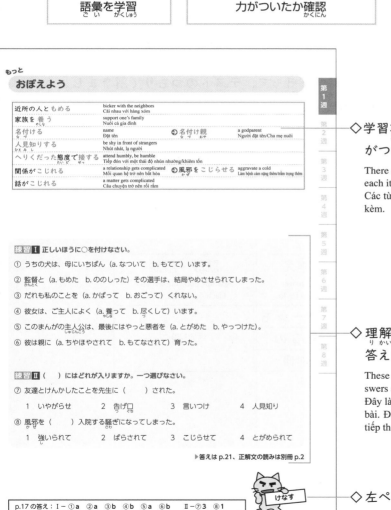

◇学習項目には英語・ベトナム語の翻訳がついています。

There are translations in English and Vietnamese for each item to be learned.
Các từ vựng đều có phần dịch tiếng Anh, tiếng Việt đi kèm.

練習Ⅰ 正しいほうに○を付けなさい。

① うちの犬は、母にいちばん（a. なついて　b. もてて）います。
② 監督と（a. もめた　b. ののしった）その選手は、結局やめさせられてしまった。
③ だれも私のことを（a. かばって　b. おごって）くれない。
④ 彼女は、ご主人によく（a. 養って　b. 尽くして）います。
⑤ このまんがの主人公は、最後にはやっと悪者を（a. とがめた　b. やっつけた）。
⑥ 彼は親に（a. ちやほやされて　b. もてなされて）育った。

練習Ⅱ（　）にはどれが入りますか。一つ選びなさい。

⑦ 友達とけんかしたことを先生に（　）された。
　1　いやがらせ　　2　告げ口　　3　言いつけ　　4　人見知り
⑧ 風邪を（　）入院する騒ぎになってしまった。
　1　強いられて　　2　ばらされて　　3　こじらせて　　4　とがめられて

▶答えはp.21、正解文の読みは別冊p.2

◇理解を確認するための練習問題です。答えは次の日の最後にあります。

These are drills to test your understanding. The answers are at the end of the following day's lesson.
Đây là phần bài tập luyện tập để kiểm tra mức độ hiểu bài. Đáp án được in ở cuối trang ở bài học của ngày tiếp theo.

p.17の答え：Ⅰ－①a　②a　③b　④b　⑤a　⑥b　Ⅱ－⑦3　⑧1

19

◇左ページ上の問題の答えです。

This is the answer to the question at the top of the opposite page.
Đây là đáp án cho câu hỏi ở đầu trang bên trái.

◇前の日の「練習」の答えです。

These are the answers to the previous day's drills.
Đây là đáp án cho phần "Luyện tập" của ngày hôm trước.

◆ １日目～６日目まではＮ１以上の漢字の下にルビがついています。ルビを隠しながら読むと漢字を読む練習になるでしょう。
７日目の「まとめの問題」と「模擬試験」は、日本語能力試験に合わせて、Ｎ１レベルより難しい漢字の上にルビをつけてあります。

The kana reading in Day 1 to Day 6 lessons is found underneath the kanjis which are at the N1 level or above. It will be good practice for reading if you cover the kana as you study.
The practice tests on Day 7 will have kana only for words above the JLPT N1 level.
Từ ngày thứ nhất đến ngày thứ 6, bên dưới các Hán tự trình độ N1 trở lên sẽ có phiên âm. Khi tập đọc, che phần phiên âm lại, bạn có thể luyện tập cách đọc Hán tự.
"Bài tập tổng hợp" và "Bài thi thử" của ngày thứ 7 được làm cho phù hợp với đề thi Năng lực Nhật ngữ nên có cách đọc bên trên các chữ Hán khó hơn trình độ N1.

◆ 問題を解いたら、必ず答え合わせをしましょう。答えや解説は別冊に書いてあります。巻末についていますので、取り外して使ってください。

After you answer the questions, check to see if your answers are correct. Answers and Explanations can be found in the removable booklet attached at the back of this book.
Sau khi làm xong bài tập, các bạn nên đối chiếu với đáp án. Các câu trả lời và giải thích được viết trong bản phụ lục.Tập sách này được đính vào cuối sách, các bạn hãy tháo ra để sử dụng.

◆「まとめの問題」と「模擬試験」は、時間を計って、テストのつもりで解きましょう。制限時間内に終わらない場合も最後まで続けましょう。

The summary questions and practice tests are timed, and you should try to solve them as if they were real tests. However, answer all the questions even if you are unable to finish within the time limit.
Hãy canh giờ để giải "Bài tập tổng hợp" và "Bài thi thử" như là bài thi thật. Tuy vậy, cho dù thời gian quy định đã hết, các bạn vẫn hãy cố gắng làm hết bài tập.

◆ 答え・読み・解説の場所は下の表の通りです。

The location of the answer, reading, and commentary are as shown in the table below.
Vị trí của câu trả lời, cách đọc và giải thích được hiển thị trong bảng dưới đây.

	答え Answer Câu trả lời	読み・解説 Reading and commentary Cách đọc và giải thích
１～６日目　練習	２ページ先	
７日目　　復習と「まとめの問題」	問題３の下	別冊
模擬試験	別冊	

第1週

いろいろ表現しよう①

第1週 1日目

いろいろ表現しよう①

どんな人(ひと)？

学習日 月 日( )

おぼえよう 人(ひと)の性格(せいかく)や個性(こせい)などを表(あらわ)す言葉

✻□に入れて読もう

田中(たなか)さんはどんな人ですか？ ― □ 人です。 ※「が」→「の」でもOK

A 良い意味で使われる言葉

愛想(あいそ)が※いい	cheerful Hòa nhã, nhã nhặn	生真面目(きまじめ)な	earnest Nghiêm túc
センスが※いい	have good sense Có óc thẩm mỹ	几帳面(きちょうめん)な	methodical Ngăn nắp
気立(きだ)てが※いい	good-natured Tốt tính	勤勉(きんべん)な	hardworking Siêng năng, chăm chỉ
いさぎよい	frank Thẳng thắn, chơi đẹp	賢明(けんめい)な	wise Khôn ngoan
情(なさ)け深(ぶか)い	sympathetic Thấu hiểu	知的(ちてき)な	intellectual Trí thức
用心深(ようじんぶか)い	cautious Thận trọng	誠実(せいじつ)な	sincere, honest Chân thật, thật thà
りりしい	gallant Hào hiệp, dũng cảm	まともな	proper Đứng đắn, có khuôn phép
若々(わかわか)しい	look young Trẻ trung	活発(かっぱつ)な	active Năng động
勇(いさ)ましい	brave, valiant Can đảm, gan dạ	有望(ゆうぼう)な	promising Có triển vọng, đầy hứa hẹn
たくましい	strong Mạnh mẽ	勇敢(ゆうかん)な	brave Dũng cảm
愛(いと)しい	dear Đáng yêu	純粋(じゅんすい)な	innocent Trong sáng
義理堅(ぎりがた)い	conscientious Có lòng biết ơn	無邪気(むじゃき)な	simpleminded, innocent Ngây thơ
辛抱強(しんぼうづよ)い	patient Dai sức chịu đựng	温和(おんわ)な	mild, gentle Từ tốn, ôn hòa
粘(ねば)り強(づよ)い	tenacious Ngoan cường	気(き)さくな	friendly Thân thiện, dễ gần
思(おも)いやりが※ある	thoughtful Chu đáo, ân cần	大柄(おおがら)な	big To lớn
➲思(おも)いやる(V)	be kind to Biết quan tâm	⮁小柄(こがら)な	small-sized Bé nhỏ
気品(きひん)が※ある	dignified Sang trọng, có phẩm cách	素朴(そぼく)な	simple Mộc mạc
色気(いろけ)が※ある	sexy Khêu gợi	繊細(せんさい)な	delicate Tinh tế
しとやかな	gentle, modest Lịch thiệp, điềm đạm	デリケートな	delicate Nhạy cảm
まめな	diligent Cần cù	チャーミングな	charming Hấp dẫn, có sức hút
裕福(ゆうふく)な	wealthy Giàu có	おおらかな	magnanimous Dễ tính, thoải mái

B よくない意味で使われる言葉			
気難しい（きむずかしい）	be hard to please　Khó tính	気まぐれな（き）	fickle, capricious Tính khí thất thường
近寄りがたい（ちかよ）	hard to approach Khó gần	おせっかいな	nosy Lăng xăng
なれなれしい	overly friendly Vồn vã quá mức	おっちょこちょいな	careless Hấp tấp
いやらしい	indecent, dirty Khó ưa, đáng ghét	でしゃばりな	intrusive　Thích xen vào chuyện người khác, nhiều chuyện
卑しい（いや）	greedy　Ti tiện, hạ cấp	きざな	showy Khoa trương, phô trương
しぶとい	unyielding, tenacious Kiên trì, ngoan cường	無礼な（ぶれい）	rude Thô lỗ, vô lễ
荒っぽい（あら）	rough, coarse Thô bỉ, lỗ mãng	ルーズな	sloppy Đủng đỉnh, cẩu thả
金遣いが荒い（かねづかい／あら）	extravagant Vung tay quá trán, phung phí	不愛想な（ぶあいそう）	unfriendly　Khó gần
欲深い（よくぶか）	greedy　Tham lam	軽率な（けいそつ）	thoughtless　Khinh suất, bộp chộp
理屈っぽい（りくつ）	argumentative Hay áp đặt	神経質な（しんけいしつ）	nervous　Hay lo lắng, hồi hộp, kỹ tính
憎たらしい（にく）	hateful　Đáng ghét	無知な（むち）	ignorant　Dốt nát, thiếu hiểu biết

練習 I 正しいほうに○を付けなさい。

① 私の夫は、大変金づかいが（a. 悪い　b. 荒い（あら））。

② 彼は、ちょっと時間に（a. まめな　b. ルーズな）ところがある。

③ 彼女は大スターなのに、とても（a. 近寄りがたい（ちかよ）　b. 気さくな）人です。

④ 豪華（ごうか）で輝き（かがや）に（a. 気品のある　b. 色気がある）宝石。

⑤ お金に（a. いやしい　b. でしゃばりな）人は嫌われる（きら）。

⑥ あの店員は、だれにでも（a. 愛想（あいそ）がいい　b. センスがいい）。

練習 II（　　）にはどれが入りますか。一つ選びなさい。

⑦ 彼女は将来（　　　）若手議員です。

1　チャーミングな　　2　しとやかな　　3　活発な　　4　有望な

⑧ 彼は（　　　）肉体をしている。

1　りりしい　　2　たくましい　　3　いさぎよい　　4　おおらかな

▶答えは p.15、正解文の読みは別冊 p.2

いろいろ表現しよう①

どんな気持ち(きも)？

学習日　　月　　日(　)

おぼえよう　人の気持ちを表す(あらわ)言葉(ことば)

※「が」→「の」でも OK。

情(なさ)けない	また負(ま)けてしまって情けない。	I am ashamed of losing again. Tôi thật tệ vì lại để thua lần nữa.
望(のぞ)ましい	運動は毎日続けることが望ましい。	It is desirable that you continue to exercise everyday. Rất mong là bạn sẽ kiên trì tập luyện thể dục hằng ngày.
好(この)ましい	好ましい服装(ふくそう)	appropriate dress Trang phục gây thiện cảm
申(もう)し分(ぶん)(が)※ない	申し分(が)ない作品	a perfect piece of work Một tác phẩm hoàn hảo
快(こころよ)い	申し出を快く承諾(しょうだく)する	willingly accept an offer Vui vẻ chấp thuận yêu cầu
すがすがしい	すがすがしい朝	a refreshing morning Một buổi sáng trong trẻo
爽快(そうかい)(な)	気分爽快	invigorating　Tinh thần hăng hái
待(ま)ち遠(どお)しい	春の訪れが待ち遠しい。	I can hardly wait for the spring to come. Ngóng đợi mùa xuân đến.
心強(こころづよ)い	あなたと一緒だと心強い。	I feel secure being with you. Tôi cảm thấy rất yên tâm khi có anh.
⇅ 心細(こころぼそ)い	一人では心細い。	I feel lonely being on my own. Tôi cảm thấy cô độc khi chỉ có một mình.
空(むな)しい	喜びが何もない空しい生活	an empty life with no joy Một cuộc sống trống vắng không có niềm vui
切(せつ)ない	彼と離(はな)れるのはとても切ない。	I am very sad to part with him. Tôi rất đau đớn khi phải xa anh ấy.
物足(ものた)りない	食事の量(りょう)が物足りない。	I do not feel satisfied (with the volume of the meal). Lượng thức ăn không đầy đủ lắm.
わずらわしい	隣人(りんじん)との付き合いがわずらわしい。	Getting involved with the neighbors is troublesome. Mối quan hệ với hàng xóm thật phiền phức.
うっとうしい	うっとうしい天気	gloomy weather Thời tiết u ám
うざい〈俗語(ぞくご)〉	＝うっとうしい、わずらわしい	※俗語　slang　Tiếng lóng
ばかばかしい	ばかばかしい話	a ridiculous story　Một câu chuyện ngớ ngẩn
痛(いた)ましい	痛ましい事故現場(じこげんば)	the scene of a horrible accident Hiện trường tai nạn thương tâm
きまり(が)悪(わる)い	会議に遅れてきまり(が)悪かった。	I felt awkward showing up late for the meeting. Thật xấu hổ vì trễ cuộc họp.
あさましい	彼は根性(こんじょう)があさましい。	He is ill-natured. Anh ta vốn là một người hèn hạ.
おっかない〈俗語(ぞくご)〉	この辺りは夜になるとおっかない。	It gets dangerous around here at night. Khu này rất đáng sợ khi trời tối.
ふさわしい	彼はリーダーとしてふさわしい。	He has the potential to be a good leader. Anh ta rất phù hợp để làm lãnh đạo.
見苦(みぐる)しい	見苦しい態度(たいど)	disgraceful behavior　Thái độ đáng hổ thẹn

心苦しい	こんなことを頼むのは心苦しい。	I feel badly asking you to do this for me. Tôi thấy rất khổ tâm khi phải nhờ bạn việc như thế này.
焦る	試験で時間がなくて焦った。	I got in a panic because I did not have enough time in the exam. Tôi quýnh quáng vì không đủ giờ làm bài thi.
あきれる	あまりの高い値段にあきれた。	I was shocked to see the ridiculous price. Tôi bị sốc vì giá quá mắc.
気に障る	人の気に障るようなことを言ってはいけない。	You should not say anything that might offend someone. Đừng nói những gì làm người khác khó chịu.
しゃくに障る かんに障る	彼の態度が しゃくに障った。／かんに障った。	I was annoyed by his behavior. Thái độ của anh ta làm tôi ứa gan. / cáu tiết
気兼ねする	ホームステイの家族に気兼ねする	feel constrained living with one's host family Tôi ngại ngần (vì sợ làm phiền) gia đình homestay
すねる	子どもがすねている。	There is a child sulking. Đứa bé hờn dỗi.
むかつく	船に酔って、胸がむかつく。	I am seasick. Tôi thấy khó chịu vì say tàu.
	彼の顔を見るだけでむかつく。	I feel angry just seeing his face. Chỉ nhìn mặt anh ta đã làm tôi thấy bực bội.
恥をかく	みんなの前で恥をかいた。	I made a fool of my self in front of everyone. Tôi đã làm chuyện đáng xấu hổ trước mặt mọi người.

練習Ⅰ 正しいほうに○を付けなさい。

① 電車に乗り遅れそうになり、（a. あせった　b. 気に障った）。

② 山田先生は、怒ると（a. しゃくに障る　b. おっかない）よ。

③ 旅行に行く日が（a. 快い　b. 待ち遠しい）。

④ 近所に（a. むかついて　b. 気兼ねして）楽器の練習が十分にできない。

⑤ 梅雨時は、雨ばかりで（a. うっとうしい　b. 空しい）。

⑥ こんな簡単な問題を間違えてしまい、（a. 情けない　b. 心細い）。

練習Ⅱ （　　）にはどれが入りますか。一つ選びなさい。

⑦ このスピーカーは、（　　）配線の必要がありません。

1　わずらわしい　　2　あさましい　　3　物足りない　　4　心苦しい

⑧ 彼こそ、大統領に（　　）人物です。

1　好ましい　　2　心強い　　3　ふさわしい　　4　うっとうしい

▶答えは p.17、正解文の読みは別冊 p.2

p.13 の答え：Ⅰ－①b　②b　③b　④a　⑤a　⑥a　Ⅱ－⑦4　⑧2

第1週 3日目

いろいろ表現しよう①

どんな動作(どうさ)？

学習日　月　日(　)

Q.（　　）に入るのは？

髪の毛(かみのけ)を（　　　）。

めくる
いじる
丸める(まるめる)
手を使う動作(どうさ)で、
「指先(ゆびさき)で触(さわ)る」という意味です。
その言葉(ことば)だけでなく、
フレーズで覚えましょう。

おぼえよう　人の動作(どうさ)を表(あらわ)す言葉(ことば)

頭	うつむく	cast one's eyes down Cúi gằm mặt, cúi đầu	➲うなずく	nod Gật đầu
	かしげる	put one's head to one side Nghiêng	＊不思議に思ってちょっと考えるときの動作	
目	まばたき(を)する	blink one's eyes Chớp mắt		
	目をつぶる	close one's eyes Nhắm mắt		
口	一言つぶやく	mutter a little Lẩm bẩm một mình	➲ささやく	whisper Thì thầm
	歌を口(くち)ずさむ	croon a song Ngân nga một bài hát		
	煙にむせる	choke on the smoke Sặc khói	食べ物でむせる	swallow food the wrong way Mắc nghẹn do đồ ăn
手	ほっぺたをつねる	pinch one's cheek Nhéo má		
	草をむしる	pull weeds Nhổ cỏ		
	カレンダーをめくる	turn over a page of the calendar Giở lịch		
	塩をつまむ	take a pinch of salt Bốc một nhúm muối	鼻をつまむ	pinch one's nose Bịt mũi
	花を摘(つ)む	pick flowers Ngắt hoa	才能の芽(め)を摘(つ)む	ruin a person's talent Hủy hoại mầm tài năng trẻ
	足をさする	rub one's legs Xoa chân		
	髪の毛をいじる	play with one's hair Nghịch tóc	庭をいじる	tend the garden Làm vườn
	家具のほこりをはたく	dust the furniture Phủi bụi trên đồ đạc		
	水をすくう	scoop up water Vốc nước		
	杖(つえ)を突(つ)く	use a cane Chống gậy		
	赤ちゃんを バスタオルでくるむ	wrap a baby in a bath towel Quấn em bé trong khăn		
	紙を丸(まる)める	crumple a piece of paper into a ball Vo tròn tờ giấy	体を丸(まる)める	curl up Khom người, cuộn tròn cơ thể
	マッチを擦(す)る	strike a match Quẹt diêm		
	指をさす	point a finger Chỉ tay		

体	横(よこ)になる	lie down Nằm xuống	
	うつ伏(ぶ)せになる	lie on one's stomach Nằm sấp	
	仰向(あおむ)けになる	lie on one's back Nằm ngửa	
	体を反(そ)らす(↔曲(ま)げる)	bend backward Uốn người ra sau	
	馬にまたがる	sit astride a horse Cưỡi ngựa	３年にまたがる(=わたる)計画 a three-year-long project Kế hoạch kéo dài 3 năm
	湯につかる	soak in hot water Ngâm trong nước ấm	
	門をくぐる	go through the gate Đi băng qua cổng	
	水たまりをよける	avoid a puddle of water Tránh/Né vũng nước	
	水中で もがく／あがく	struggle in the water Vật lộn / vùng vẫy trong nước	
	山中(さんちゅう)をさまよう	get lost and wander about in the mountains Đi lang thang trong núi	

練習 Ⅰ 正しいほうに○を付けなさい。

① 肩までお湯によく（a. つかりましょう　b. すくいましょう）。

② 車の前に飛び出してきた猫(ねこ)を（a. よけたら　b. そらしたら）、電柱にぶつかってしまった。

③ 踏切(ふみきり)の遮断機(しゃだんき)※を（a. さまよっては　b. くぐっては）いけません。※遮断機(しゃだんき) a crossing gate thanh chắn đường ray

④ それは、私が子どものころ、よく（a. つぶやいた　b. 口ずさんだ）歌です。

⑤ ごはんをのりで（a. くるんで　b. めくって）食べます。

⑥ しかられた生徒は、（a. うなずいて　b. うつむいて）泣いていた。

練習 Ⅱ （　　）にはどれが入りますか。一つ選びなさい。

⑦ 疲れたので、ちょっとソファーで（　　　）いいでしょうか。

1　うつ伏(ぶ)せになっても　　2　仰向(あおむ)けになっても

3　横になっても　　4　もがいても

⑧ 休日に庭を（　　　）のが、私の趣味(しゅみ)です。

1　いじる　　2　さする　　3　むしる　　4　つまむ

▶答えは p.19、正解文の読みは別冊 p.2

p.15 の答え：Ⅰ－①a　②b　③b　④b　⑤a　⑥a　Ⅱ－⑦1　⑧3

いろいろ表現しよう①

どんな行動(こうどう)・態度(たいど)？①

学習日　月　日(　)

Q.（　　）に入るのは？

友達を（　　　）。

もてる
けなす
もめる
「友達を」と言えるものは一つだけで、「非難(ひなん)する」に言い換(か)えられます。

おぼえよう　人と関わる(かか)とき使う動詞(どうし)

✻ □に入れて読もう

〈人〉を□			
なだめる	calm down Làm dịu đi, xoa dịu	裁く(さば)	judge, pass judgment (on) Phán quyết, đánh giá
いたわる	be kind to An ủi, vỗ về	かばう	protect Bảo vệ, bênh vực
しつける	train, discipline Rèn vào khuôn phép, dạy dỗ	励ます(はげ)	encourage Khuyến khích, động viên
ちやほやする	dote on Chiều chuộng	もてなす	entertain Tiếp đãi chu đáo, làm cho hài lòng
おだてる	flatter Nịnh nọt, nịnh hót	冷やかす(ひ)	tease Chọc ghẹo
あざ笑う(わら)	make fun of someone Cười nhạo	おどす	threaten Đe dọa
あざむく	cheat, deceive Lừa đảo	けなす	disparage Soi mói, chỉ trích
ねたむ	be jealous Ghen tỵ, ấm ức	ののしる	scold, curse Nguyền rủa
さらう 誘拐する(ゆうかい)	kidnap Bắt cóc	なじる	take someone to task Khiển trách, trách móc
		とがめる	reproach Phê phán, chê bai
殴る(なぐ)	punch Đánh, đấm	やっつける	vanquish Đánh bại, đánh đuổi

〈人〉に□			
恋(こい)(を)する	fall in love Yêu	なつく	become attached Gần gũi, bám riết
片思い(かたおも)(を)する	love unreciprocatedly Yêu đơn phương	親しまれる(した)	be liked Trở nên thân thiết
尽くす(つ)	be devoted to cống hiến	もてる	be popular among the opposite sex Được (người khác giới) ưa thích / yêu mến
食事をおごる	treat a person to a meal Đãi ăn	出(で)くわす(＝たまたま出会う)	run into Tình cờ gặp
お小遣い(こづか)をねだる	plead for some pocket money Xin xỏ / nài nỉ tiền tiêu vặt	言い(い)つける	tell on, order (someone to do) Sai bảo, méc, mách
寄付を強いる(し)	press to contribute Ép buộc quyên góp	告げ口(つ ぐち)(を)する	tell on Mách lẻo, mật báo
新しいバッグを見せびらかす(み)	show off one's new bag Khoe cái túi mới	嫌がらせ(いや)(を)する	harass, be nasty Bắt nạt, ăn hiếp
		秘密(ひみつ)をばらす	expose a secret Làm lộ bí mật

もっと
おぼえよう

近所の人ともめる	bicker with the neighbors Cãi nhau với hàng xóm		
家族を養(やしな)う	support one's family Nuôi cả gia đình		
名付(なづ)ける	name Đặt tên	➔名付(なづ)け親(おや)	a godparent Người đặt tên/Cha mẹ nuôi
人見知(ひとみし)りする	be shy in front of strangers Nhút nhát, lạ người		
へりくだった態度(たいど)で接(せっ)する	attend humbly, be humble Tiếp đón với một thái độ nhún nhường/khiêm tốn		
関係がこじれる	a relationship gets complicated Mối quan hệ trở nên bất hòa	➔風邪(かぜ)をこじらせる	aggravate a cold Làm bệnh cảm nặng thêm/trầm trọng thêm
話がこじれる	a matter gets complicated Câu chuyện trở nên rối rắm		

練習 I 正しいほうに○を付けなさい。

① うちの犬は、母にいちばん（a. なついて　b. もてて）います。

② 監督(かんとく)と（a. もめた　b. ののしった）その選手は、結局やめさせられてしまった。

③ だれも私のことを（a. かばって　b. おごって）くれない。

④ 彼女は、ご主人によく（a. 養(やしな)って　b. 尽(つ)くして）います。

⑤ このまんがの主人公(しゅじんこう)は、最後にはやっと悪者を（a. とがめた　b. やっつけた）。

⑥ 彼は親に（a. ちやほやされて　b. もてなされて）育った。

練習 II（　　）にはどれが入りますか。一つ選びなさい。

⑦ 友達とけんかしたことを先生に（　　）された。

1　いやがらせ　　2　告(つ)げ口(ぐち)　　3　言いつけ　　4　人見知り

⑧ 風邪(かぜ)を（　　）入院する騒(さわ)ぎになってしまった。

1　強(し)いられて　　2　ばらされて　　3　こじらせて　　4　とがめられて

▶答えは p.21、正解文の読みは別冊 p.2

p.17の答え：Ⅰ－①a　②a　③b　④b　⑤a　⑥b　Ⅱ－⑦3　⑧1

いろいろ表現しよう①

どんな行動（こうどう）・態度（たいど）？②

学習日　　月　　日（　）

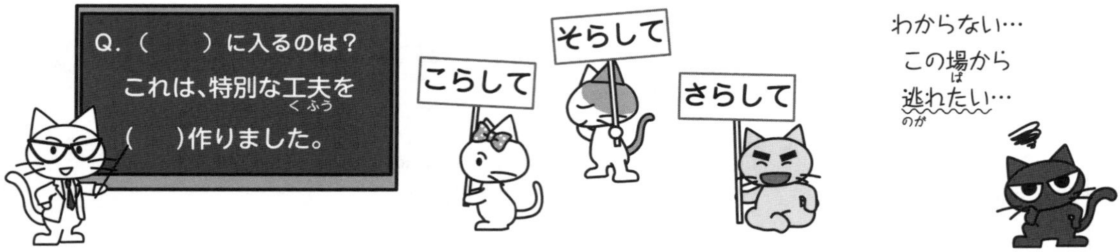

Q.（　　）に入るのは？
これは、特別な工夫（くふう）を
（　　）作りました。
こらして
そらして
さらして
わからない…
この場（ば）から
逃（のが）れたい…

おぼえよう　人の行動（こうどう）・態度（たいど）を表（あらわ）す動詞（どうし）

すすぐ	ふきんをすすぐ	rinse the dishcloth Xả khăn		
ゆすぐ	口をゆすぐ	rinse one's mouth Súc miệng	コップをゆすぐ	rinse a glass Súc ly
こす	水をこす	filter water Lọc nước		
ばらまく	豆（まめ）をばらまく	scatter beans Rải đậu		
緩（ゆる）める	ベルトを緩める	loosen one's belt Nới lỏng thắt lưng	➔（～が）緩（ゆる）む	loosen (~) bị lỏng
揺（ゆ）する	木を揺する	shake a tree Rung lắc cây		
生（は）やす	ひげを生やす	grow a beard Để râu	➔（～が）生（は）える	
生（い）ける	花を生ける	arrange flowers Cắm hoa		
よこす	手紙をよこす	send a letter to me/us Gửi thư	「金をよこせ！」	Hand over the money! Đưa tiền đây!
そらす	目をそらす	turn one's eyes away Lảng mắt đi	話をそらす	change the subject Đổi đề tài, đánh trống lảng
さらす	日光にさらす	expose to the sun Phơi nắng	水にさらす	soak in water Ngâm nước
凝（こ）らす	工夫（くふう）を凝らす	come up with ideas Dụng công, ra sức		
たどる	足跡（あしあと）をたどる	track footprints Lần theo dấu chân		
据（す）える	防犯カメラを据える	install a security camera Lắp máy camera chống trộm	➔据（す）え付（つ）ける	install Trang bị, lắp đặt
添（そ）える	写真を添える	include a picture (with) Đính kèm hình		
控（ひか）える	隣室（りんしつ）に控える	wait in the room next door Chờ ở phòng bên cạnh	➔控（ひか）え室（しつ）	a waiting room Phòng chờ
	塩分を控える	reduce one's salt intake Giảm bớt lượng muối		
歩（あゆ）む	彼と別の人生を歩む	lead a different life from him Bước đi trên con đường đời khác với anh ta (không cùng đi với nhau nữa)	➔歩（あゆ）み (N)	history, course Tiến trình, quá trình (lịch sử)
もくろむ	世界進出をもくろむ	plan to expand worldwide Lên kế hoạch mở rộng kinh doanh toàn cầu		
阻（はば）む	彼らの侵入（しんにゅう）を阻む	prevent their invasion Ngăn chặn sự xâm lược của bọn họ		
遮（さえぎ）る	人の話を遮る	cut someone off Cắt lời người khác		
つづる	英文でつづる	write in English Viết / Làm (thơ v.v.) bằng tiếng Anh	➔つづり (N)	spelling, a file of papers Đánh vần, giấy tờ đã được đóng tập

仕掛ける（しか）	わなを仕掛ける	set up a trap Đặt bẫy		
手掛ける（てが）	新しい仕事を手掛ける	start a new project Bắt tay vào công việc mới		
合わす（あ）	声を合わして（＝合わせて）歌う	sing together Hòa giọng cùng hát	力を合わす	work together Hợp lực
与える（あた）	子どもに小遣い（こづか）を与える	give children some pocket money Cho con tiền tiêu vặt		
交える（まじ）	先生を交えて話し合う	have a discussion with the teachers Thảo luận với sự tham gia của giáo viên	➔交わる（まじ）	cross, intersect Giao nhau, cắt nhau
交わす（か）	あいさつを交わす	greet one another Chào hỏi nhau		
束ねる（たば）	髪を束ねる	tie up one's hair Cột tóc, buộc tóc		
背く（そむ）	命令に背く	disobey an order Bất tuân theo mệnh lệnh		
逃す（のが）	チャンスを逃す	miss an opportunity Bỏ lỡ cơ hội	➔逃れる（のが）	escape Trốn thoát
促す（うなが）	この液体は植物の成長を促す。	This liquid stimulates plant growth. Dung dịch này thúc đẩy tăng trưởng của cây.		

練習Ⅰ 正しいほうに○を付けなさい。

① 風呂場（ふろば）に、かびが（a. 生（い）けた　b. 生（は）えた）。

② サルにえさを（a. あたえないで　b. しかけないで）ください。

③ カーテンで光を（a. こらした　b. さえぎった）。

④ 切った玉ネギを水に（a. さらして　b. 与えて）ください。

⑤ 暑いので、つけていたネクタイを（a. ゆるめた　b. ひかえた）。

⑥ 手が滑（すべ）り、ポップコーンを床に（a. のがして　b. ばらまいて）しまった。

練習Ⅱ（　　）にはどれが入りますか。一つ選びなさい。

⑦ けんかになりそうになったので、あわてて話を（　　）。

1　しかけた　　2　交えた　　3　つづった　　4　そらした

⑧ 彼と（　　）約束を破ってしまった。

1　かわした　　2　こらした　　3　あわした　　4　手がけた

▶答えは p.23、正解文の読みは別冊 p.2

p.19 の答え：Ⅰ－①a　②a　③a　④b　⑤b　⑥a　Ⅱ－⑦2　⑧3

いろいろ表現しよう①

どんな調子(ちょうし)？

学習日　月　日（　）

おぼえよう　体の調子(ちょうし)や病院などに関係(かんけい)する言葉(ことば)

体がだるい	feel sluggish Uể oải	めまいがする	feel faint Bị choáng, chóng mặt
寒気(さむけ)がする	have a chill Ớn lạnh	意識(いしき)がもうろうとする	be only half conscious Nửa tỉnh nửa mê
疲労(ひろう)で目がかすむ	I am so tired my vision is blurry Mắt mờ đi vì mệt	意識(いしき)が遠(とお)ざかる ↳（～を）遠(とお)ざける	slowly lose consciousness Rơi vào hôn mê
貧血(ひんけつ)になる	have anemia Bị thiếu máu	意識不明(いしきふめい)になる	become unconscious Mất ý thức
安静(あんせい)にする	rest Nghỉ ngơi, tịnh dưỡng	足首(あしくび)をねんざする	twist one's ankle Vẹo cổ chân
虫に刺(さ)される	get a bite Bị côn trùng chích/cắn	打ったところがはれる	a bruise swells Chỗ bị va đập sưng lên
とげが刺(さ)さる	get a sliver Bị gai nhọn đâm	歯を矯正(きょうせい)する	have braces Chỉnh răng, niềng răng

足がむくむ	legs bloat Chân bị sưng / phù	➲むくみ（N）	(dropsical) swelling Chỗ bị sưng / phù
下痢(げり)をする	have diarrhea Bị tiêu chảy	↔便秘(べんぴ)になる	get constipated Bị táo bón
妊娠(にんしん)する	get pregnant Có thai	➲出産(しゅっさん)（＝お産(さん)）	giving birth Sinh con
湿疹(しっしん)ができる	have eczema Bị chàm	➲じんましん	hives Bệnh mề đay
皮膚(ひふ)をかく	scratch one's skin Cào, gãi da	➲猫(ねこ)に引(ひ)っかかれる	get scratched by a cat Bị mèo cào
病気の進行(しんこう)が早(はや)まる	a disease progressing quickly Bệnh diễn tiến nhanh	➲（～を）早(はや)める	advance Thúc đẩy, làm cho nhanh
体が弱(よわ)る	become weak Thể trạng yếu		
痛(いた)みが強(つよ)まる↔弱(よわ)まる	pain increases ⇔ eases Cơn đau mạnh lên ⇔ yếu đi	➲（～を）強(つよ)める↔弱(よわ)める	turn up ⇔ turn down Làm cho mạnh lên, tăng lên ⇔ Làm cho nhẹ đi, giảm xuống
痛(いた)みを和(やわ)らげる	eases the pain Làm dịu cơn đau	➲（～が）和(やわ)らぐ	soften, ease Dịu đi, nhẹ nhàng
リハビリする	undergo rehabilitation Phục hồi chức năng	➲リハビリを受(う)ける	
入院(にゅういん)する	be hospitalized Nhập viện	↔退院(たいいん)する	be released from the hospital Xuất viện
患者に付(つ)き添(そ)う	stay with a sick person Đi theo bệnh nhân		
面会(めんかい)に行く	visit someone Đi gặp mặt	（お）見舞(みま)いに行く	visit someone who is sick Đi thăm bệnh

もっと
おぼえよう　病名（びょうめい）

癌（がん）	cancer　Ung thư	＊「ガン」とカタカナで書くことが多い。	
ぜんそく	asthma　Hen suyễn	➔ぜんそくの発作（ほっさ）	an asthma attack Bộc phát bệnh hen suyễn
気管支炎（きかんしえん）	bronchitis Viêm phế quản		
肺炎（はいえん）	pneumonia　Viêm phổi		
皮膚炎（ひふえん）	dermatitis　Viêm da	➔アトピー性皮膚炎（せいひふえん）	atopic dermatitis Viêm da atopy (viêm da cơ địa)
うつ病（びょう）	depression　Trầm cảm		
認知症（にんちしょう）	dementia Chứng lú lẫn, bệnh mất trí nhớ	➔アルツハイマー病（びょう）	Alzheimer's disease Bệnh alzheimer
熱中症（ねっちゅうしょう）	heatstroke　Say nắng, sốc nhiệt		
花粉症（かふんしょう）	hay fever　Dị ứng phấn hoa		

練習Ⅰ 正しいほうに○を付けなさい。

① 母が病院に通うのに（a. 面会しなければ　b. 付（つ）き添（そ）わなければ）いけない。

② 魚の骨がのどに（a. 刺された　b. 刺さった）。

③ 重い熱中症（ねっちゅうしょう）は、意識が（a. もうろうとしてくる　b. だるくなるらしい）。

④ 虫に刺された指がこんなに（a. かいて　b. はれて）しまった。

⑤ 疲れたせいか、目が（a. かすんで　b. 遠ざかって）よく見えない。

⑥ 薬を飲んだら、だいぶ痛みが（a. 弱った　b. 和（やわ）らいだ）。

練習Ⅱ（　）にはどれが入りますか。一つ選びなさい。

⑦（　　）がするほど、腹が減っている。

1　めまい　　2　ねんざ　　3　むくみ　　4　さむけ

⑧ 病気の進行が（　　）、彼はついに意識不明になってしまった。

1　早めり　　2　早まり　　3　弱り　　4　弱まり

▶答えは p.25、正解文の読みは別冊 p.2 ～ 3

p.21 の答え：Ⅰ－①b　②a　③b　④a　⑤a　⑥b　Ⅱ－⑦4　⑧1

いろいろ表現しよう①

復習＋もっと

学習日　月　日(　)

Q. 説明に最も合う言葉を、a・b・c　から一つ選びなさい。(答えは p.28)

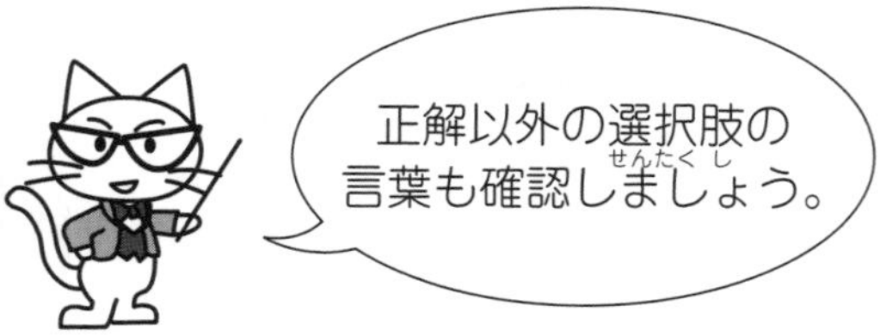

正解以外の選択肢の
言葉も確認しましょう。

全部忘れちゃった…
情けない…
一緒に勉強
しましょう！
いたわっている

1日目

▶p.12,13

1. 人に接する態度がやさしくて性格がいい人
   a　気品がある人　　b　気まぐれな人　　c　気立てがいい人

2. 余計な世話で、かえってじゃまや迷惑になるような様子を表す
   a　おせっかい　　b　きざ　　c　おっちょこちょい

2日目

▶p.14,15

1. 自分の気持ちがわかってもらえなくて、不満のある態度をとる
   a　むかつく　　b　すねる　　c　しゃくにさわる

2. 悲しさや恋しさで、心が苦しい様子を表す
   a　痛ましい　　b　切ない　　c　わずらわしい

3日目

▶p.16,17

1. 気管に煙や食物などが入って、息がつまりそうになる
   a　つまむ　　b　もがく　　c　むせる

2. 物の下や狭い間や中を、姿勢を低くして通り抜ける
   a　くぐる　　b　はたく　　c　そらす

4日目

▶p.18,19

1．相手(あいて)の気に入るようなことを言って、得意(とくい)にさせる

a　おだてる　　b　あざむく　　c　さばく

2．複雑(ふくざつ)な事情(じじょう)がからんで、物事(ものごと)がすんなりいかなくなる

a　てがける　　b　こじれる　　c　ひやかす

5日目

▶p.20,21

1．物事(ものごと)を行う方法についてひそかに計画する。あまりよいことについては使わない

a　はばむ　　b　うながす　　c　もくろむ

2．発言(はつげん)や行動(こうどう)などの邪魔(じゃま)をして妨(さまた)げる

a　さえぎる　　b　そえる　　c　すえる

6日目

▶p.22,23

1．高温のために、体温の調節機能(ちょうせつきのう)が働かなくなって、頭痛(ずつう)やめまいなどが起こる症状(しょうじょう)のこと

a　熱帯症　　b　温熱症　　c　熱中症　　〈注〉正解以外の言葉は存在しません。

2．爪(つめ)やとがったものなどで強くかいて皮膚(ひふ)やものに傷(きず)をつける

a　ひっかく　　b　ささる　　c　つきそう

もっと覚えよう　＊よくある病気・症状など＊

はしか	measles Bệnh sởi	水(みず)ぼうそう	chickenpox Bệnh thủy đậu
風疹(ふうしん)	rubella Bệnh Rubella	結核(けっかく)	tuberculosis Bệnh lao
骨折(こっせつ)	bone fracture Gãy xương	ねんざ	sprain Bong gân
肩(かた)こり	stiff shoulder Cứng vai	腰痛(ようつう)	backache Đau lưng dưới
食物(しょくもつ)アレルギー	food allergy Dị ứng thực phẩm	食中毒(しょくちゅうどく)	food poisoning Ngộ độc thực phẩm
発達障害(はったつしょうがい)	developmental disorder Rối loạn phát triển	自閉症(じへいしょう)	autism Chứng tự kỷ

私は肩こりが
ひどくて
マッサージに
通っています。

p.23 の答え：Ⅰ－①b　②b　③a　④b　⑤a　⑥b　　Ⅱ－⑦1　⑧2

月　日（　）

まとめの問題（もんだい）

制限（せいげん）時間：20分
1問5点×20問
答えはp.28
正解文の読みと解説は別冊（べっさつ）p.3

点数
／100

問題1　（　　）に入れるのに最も良いものを、1・2・3・4から一つ選びなさい。

1（　　　）の発作が起きるとせきが止まらなくなる。

1　うつ病　　2　ぜんそく　　3　花粉症　　4　ガン

2 彼女と手をつないで歩いていたら、友達に（　　　）。

1　もてなされた　　2　冷やかされた　　3　見せびらかした　　4　しいられた

3 気に入って買ったバッグを友達に（　　　）、気分が悪かった。

1　けなされて　　2　さらわれて　　3　むかつかれて　　4　あざ笑われて

4 3歳ぐらいの女の子が、（　　　）公園で遊んでいた。

1　温和に　　2　気さくに　　3　無邪気に　　4　陰気に

5 彼はだれにでも優しい（　　　）人で、みんなに好かれている。

1　でしゃばりな　　2　思いやりがある　　3　しぶとい　　4　きざな

6 バスタオルを（　　　）枕の代わりにした。

1　つぶって　　2　めくって　　3　まるめて　　4　そらして

7 母に（　　　）早く家を出た。

1　うながされて　　2　かばわれて　　3　しかけられて　　4　たどられて

8 長い間立ちっぱなしだったので、足が（　　　）しまった。

1　もうろうとして　　2　むくんで　　3　伸びて　　4　こじれて

9 これは、みそを（　　　）調理器具です。

1　さらす　　2　すすぐ　　3　こす　　4　ゆする

10 細いひもを何本も（　　　）、太いロープを作った。

1　つづって　　2　すえて　　3　交（まじ）えて　　4　たばねて

問題2　次の言葉の使い方として最もよいものを、１・２・３・４から一つ選びなさい。

11 しぶとい

1　敵もしぶとく、なかなか負けを認めない。

2　この柿(かき)はちょっとしぶとい。

3　しぶといお茶はとてもおいしい。

4　庭の木がとてもしぶとくなってきた。

12 近寄りがたい

1　私の上司は気さくで近寄りがたい。

2　彼女は近寄りがたいほど美しい。

3　泥棒(どろぼう)が近寄りがたい柵を作った。

4　古本屋で近寄りがたい本を手に入れた。

13 見せびらかす

1　おばあちゃんは、孫にお年玉を見せびらかした。

2　美容院で髪を見せびらかしてもらった。

3　今日は、私が食事を見せびらかします。

4　彼は、新しい腕時計をみんなに見せびらかしていた。

14 むせる

1　そのパーティー会場には、むせるほど人が来ていた。

2　タバコの煙が目にむせた。

3　今日はよく晴れたむせる天気だ。

4　捻挫(ねんざ)した足がだんだんむせてきた。

15 片思い

1　上司の不正を片思いして警察に通報した。

2　彼女の帰りを片思いして待っていた。

3　私の初恋は片思いで終わってしまった。

4　親は、かわいいわが子に片思いするものです。

問題3 ＿＿＿の言葉に意味が最も近いものを、１・２・３・４から一つ選びなさい。

16 あの若者は、りりしくて立派だ。

1 情け深くて　2 誠実で　3 大柄で　4 勇ましくて

17 一人で行くのはいやだ。だれか一緒に行ってほしい。

1 付きそって　2 手がけて　3 出くわして　4 気がねして

18 だめだとわかったら、きっぱりあきらめよう。

1 むなしく　2 心苦しく　3 申し分なく　4 いさぎよく

19 彼は上司の命令に反して行動したため、首になった。

1 さらして　2 なじって　3 そむいて　4 ひかえて

20 寄付は強制されるとしたくなくなるものだ。

1 しいられる　2 ねたまれる　3 つくされる　4 ゆすられる

復習（p.24～25）の答え：
1日目 1. c 2. a　2日目 1. b 2. b　3日目 1. c 2. a
4日目 1. a 2. b　5日目 1. c 2. a　6日目 1. c 2. a

まとめの問題（p.26～28）の答え：
問題１ 1 2　2 2　3 1　4 3　5 2　6 3　7 1　8 2　9 3　10 4
問題２ 11 1　12 2　13 4　14 1　15 3
問題３ 16 4　17 1　18 4　19 3　20 1

第2週

いろいろ表現しよう②

いろいろ表現しよう②

どんな様子(ようす)？①

学習日　月　日(　)

Q. 何と言う？
自分が実際以上に
優れていると思って、
得意になること。
こだわる
おびえる
うぬぼれる
ああ、
くたびれた。
もう帰りたい。

おぼえよう　人の様子(ようす)・行動(こうどう)を表(あらわ)す動詞(どうし)

強(つよ)がる	「大丈夫(だいじょうぶ)」と強がる	pretend to be fine Tỏ ra mạnh mẽ và nói: "Không sao hết"
くたびれる	歩き回ってくたびれた。	I got tired from walking around. Đi bộ lòng vòng khiến tôi mệt nhoài/ mệt rã rời.
ばてる	残業続きでばてている。	Everyone is exhausted from working overtime lately. Kiệt sức vì làm ngoài giờ liên tục.
とぼける	「知らない」ととぼける	play dumb Vờ rằng "không biết"
ぼける	年とともにぼけてくる	become forgetful as one get older Càng già càng lẩm cẩm
	➲ピントがぼけた写真	a blurry photo Bức ảnh bị nhòe
どもる	スピーチでどもる	stammer in a speech Nói lắp trong lúc phát biểu
しくじる	入試でしくじる	fail an entrance exam Thất bại trong kỳ thi đầu vào / tuyển sinh
察(さっ)する	危険を察する	sense danger Nhận thấy được sự nguy hiểm
ささげる	研究に一生(いっしょう)をささげる	devote one's life to one's research Cống hiến cả đời cho hoạt động nghiên cứu
おびえる	物音におびえる	be frightened by a noise Tiếng động làm tôi sợ giật bắn cả người
こみあげる	涙がこみあげる	tears wells up Trào nước mắt
	喜びがこみあげる	feel a surge of joy Niềm vui dâng trào
うぬぼれる	彼女は自分が美人だとうぬぼれている。	She has a very high opinion of her own beauty. Cô ta tự phụ cho rằng mình đẹp.
ぼうぜんとする	驚(おどろ)いてぼうぜんとする	be struck dumb with amazement Kinh ngạc đến bàng hoàng
赤(あか)らめる	顔を赤らめる	blush with embarrassment Đỏ cả mặt/ Ngượng chín mặt
凝(こ)る	釣(つ)りに凝る	be absorbed in fishing Mê câu cá
懲(こ)りる	失敗に懲りる	learn a lesson by making a mistake Rút kinh nghiệm từ thất bại
こだわる	物事にこだわる	be particular about something Chú trọng vào một việc gì đó
戸惑(とまど)う	慣れない仕事に戸惑う	be at a loss on a new job Lúng túng khi làm công việc mới
嘆(なげ)く	失敗を嘆く	grieve over a failure Than thở về thất bại
ぼやく	「給料が安い」とぼやく	complain about the low pay Than phiền: "Lương thấp"
まごつく	やり方がわからなくてまごつく	hesitate from not knowing how to do something Bối rối không biết phải làm sao

任す	仕事を任される	be entrusted with a job Được giao phó công việc		
和む	心が和む	relax Tâm hồn dễ chịu, thư thái		
かなう	願いがかなう	have a dream come true Ước nguyện thành hiện thực	➔かなえる	fulfil a wish Đạt được, thực hiện được
	水泳では、彼にかなう者はいない。	No one can match him in swimming. Không ai sánh được với anh ấy trong khoản bơi lội.		
	➔彼にはかなわない	No one is as good as he is. Không bì / sánh được với anh ấy.		
意気込む	「今度こそ勝つぞ！」と意気込む	the team is determined to win this time Hạ quyết tâm “Nhất định lần này sẽ chiến thắng!”		
老ける	彼は年のわりには老けて見える。	He looks old for his age. Anh ấy trông già hơn so với tuổi.	➔老いる	grow old Già đi
こもる	家にこもる	live in seclusion Ru rú trong nhà	体に熱がこもる	feel feverish Bị sốt / Nhiệt tích tụ trong cơ thể
ごまかす	話をごまかす	avoid telling the truth Đánh trống lảng	値段をごまかす	cheat a person out of money Lừa giá tiền
さえる	目がさえる	be wide awake Mắt tỉnh như sáo	頭がさえる	have a clear head Đầu óc tỉnh táo

練習 I 正しいほうに○を付けなさい。

① 東京駅で電車の乗り換えに（a. おびえた　b. まごついた）。

② ピントが合っていない（a. ぼけた　b. とぼけた）写真。

③ 彼は自分に才能があると（a. こだわって　b. うぬぼれて）いる。

④ あの建物は、かなり（a. こった　b. こりた）造りをしている。

⑤ 1時間待ってもバスが来ない。もう待ち（a. くたびれた　b. ばてた）よ。

⑥ 彼は自分の失敗を（a. なげいた　b. ぼうぜんとした）。

練習 II（　　）にはどれが入りますか。一つ選びなさい。

⑦ 夢が（　　　）プロの野球選手になれた！

1　こもって　　2　こみあげて　　3　意気込んで　　4　かなって

⑧ その少年は、年齢を（　　　）酒を買った。

1　どもって　　2　しくじって　　3　ごまかして　　4　とまどって

▶答えは p.33、正解文の読みは別冊 p.3

いろいろ表現しよう②

どんな様子(ようす)？②

学習日　月　日(　)

Q.（　）に入るのは？

勉強が(　　　)います。

かさなって
ずれて
はかどって
「物事が順調に、
能率(のうりつ)よく進む」
という意味です。

おぼえよう　様子(ようす)を表(あらわ)す動詞(どうし)

かする	弾(たま)が耳をかすった。	The bullet grazed my ear. Quả bóng sượt ngang qua tai.
	➡かすり傷(きず)	a scratch, a scrape Sướt da, trầy da
ぶれる	写真がぶれている。	The picture is blurred. Hình bị mờ.
ぼやける	字がぼやけてよく見えない。	The letters are not clear. Chữ nhòe quá, không đọc được.
かさむ	経費がかさむ	expenses pile up Chi phí chồng chất
かさばる	荷物がかさばって持ちにくい。	The bags are too bulky to carry. Hành lý cồng kềnh khó mang.
重(かさ)なる	予定が重なる	plans overlap Kế hoạch bị chồng chéo/trùng lắp　➡(～を)重(かさ)ねる pile up Chồng chất, bị trùng
そびえる	高層ビルが空にそびえている。	Skyscrapers tower high over the city. Tòa nhà cao chọc trời.
たるむ	ひもがたるんでいる。	The string is sagging. Dây bị lỏng.
	気持ちがたるむ	be lazy Tâm trạng chùng xuống
とろける	口の中でチーズがとろける	cheese melts in one's mouth Pho mát tan trong miệng
はげる	ペンキがはげる	paint comes off Sơn bị tróc ra
	頭がはげる	go bald Bị hói đầu
さえずる	小鳥がさえずる	birds chirp Chim hót líu lo
きしむ	床がきしむ	floor creaks Sàn nhà kêu kin kít
弾(はじ)く	油は水を弾く	oil repels water Dầu đẩy nước
	ギターの弦(げん)を弾く	strum a guitar Gảy đàn ghita
はぐ	魚の皮をはぐ	skin a fish Cạo da cá
潤(うるお)う	肌が潤う	skin gets moist Làn da ẩm mượt
	駅ができて商店街(しょうてんがい)が潤う。	The new station has enriched the community. Nhà ga mới hoàn thành làm khu mua sắm sôi động hơn.
繕(つくろ)う	ほころびを繕う	have an open seam mended Vá chỗ rách
	体裁(ていさい)を繕う	keep up appearances Chỉnh trang bề ngoài
はかどる	仕事がはかどる	make progress with one's work Công việc tiến triển suôn sẻ

差(さ)し掛(か)かる	曲がり角に差し掛かる	reach a turning point Đến ngã rẽ
	子どもが思春期に差し掛かる	a child reaches adolescent Đứa trẻ đang bước vào tuổi dậy thì
引(ひ)きずる	足を引きずる	limp Kéo lê chân
反(そ)る	板が反る	a piece of wood gets warped Tấm ván bị cong ➔ひげを剃(そ)る shave one's beard Cạo râu
とがる	とがったナイフ	a sharp knife Dao nhọn
はれる	まぶたがはれる	have swollen eyelids Sưng mí mắt
ずれる	眼鏡(めがね)がずれる	glasses slip off Mắt kiếng bị lệch
	タイミングがずれる	timing is off Thời gian bị lệch
いかれる〈俗語(ぞくご)〉	エンジンがいかれる	the engine goes kaput Động cơ bị hỏng
	頭がいかれている	crazy Đầu óc không bình thường

練習 I 正しいほうに○を付けなさい。

① 最近、先の（a. そびえた　b. とがった）靴がはやっているようだ。

② 戸が（a. きしんで　b. さえずって）、キーキーうるさい音がする。

③ このシチューは、牛肉が（a. たるむ　b. とろける）ようにやわらかくて、とてもおいしい。

④ 母が穴(あな)のあいた靴下を（a. うるおって　b. つくろって）くれた。

⑤ バットを振(ふ)ったが、ボールは（a. かすった　b. さしかかった）だけで飛ばなかった。

⑥ メガネが合わないのか、字が（a. かすって　b. ぼやけて）よく見えない。

練習 II （　　）にはどれが入りますか。一つ選びなさい。

⑦ この布は、水を（　　）加工がされている。

1　かさむ　　2　はじく　　3　はぐ　　4　そる

⑧ 虫歯で顔が（　　）しまった。

1　はげて　　2　ずれて　　3　ぶれて　　4　はれて

▶答えは p.35、正解文の読みは別冊 p.4

p.31 の答え：I－①b　②a　③b　④a　⑤a　⑥a　II－⑦4　⑧3

いろいろ表現しよう②

どんな様子（ようす）？③

学習日　　月　　日（　）

Q. 下線部を言い換えると？
先日の地震は大きい被害を引き起こした。
もたらした
かたよった
とどめた
あー難しい。
ぼくの能力につりあう
問題はないの？

おぼえよう　様子（ようす）・行動（こうどう）を表（あらわ）す動詞（どうし）

こめる	心をこめて手紙を書いた。	I wrote a very sincere letter. Tôi đã dồn hết tâm huyết vào viết lá thư.	
染（そ）める	髪を染める	dye one's hair Nhuộm tóc	➔（～が）染（そ）まる be dyed / Được/bị nhuộm
尽（つ）きる	資源（しげん）が尽きる	run out of resources Cạn kiệt tài nguyên	
偏（かたよ）る	偏った考え	biased idea Suy nghĩ phiến diện	
はまる	水たまりにはまる	step into a puddle Bước nhầm vào vũng nước	
	鍵（かぎ）が（鍵穴（かぎあな）に）はまらない	the key will not fit the keyhole Chìa khóa không khớp (với ổ khóa)	
	型にはまる	fit a pattern Khớp vào khuôn	
	ゲームにはまる（＝熱中（ねっちゅう）する）	be crazy about (video) games Ghiền chơi game	
とどまる	この町にとどまる	stay in this town Dừng chân tại thị trấn này	
	物価（ぶっか）の上昇はとどまることがない。	The prices keep going up. Vật giá tăng không có điểm dừng.	
とどめる	経費を最小限にとどめる	hold the expenses to a minimum Giữ chi phí ở mức thấp nhất	
	記憶（きおく）にとどめる	remember Giữ lại trong ký ức	
途切（とぎ）れる	会話が途切れる	the conversation comes to a halt Cuộc trò chuyện bị gián đoạn	
途絶（とだ）える	便（たよ）りが途絶える	fall out of contact Liên lạc thưa dần rồi ngừng hẳn	
よみがえる	死者がよみがえる	a dead person comes back to life Người chết hồi sinh	
	あの感動が心によみがえる	a touching memory comes back Cảm xúc ùa về trong tâm trí	
ありふれる	ありふれた（＝平凡（へいぼん）な）話	conventional story Chuyện bình thường/Chuyện ở đâu cũng có	
廃（すた）れる	流行が廃れる	be out of fashion Lỗi mốt	
かぶれる	肌がかぶれる	get a rash Da bị kích ứng	
	ロック※にかぶれる	be bitten by rockmusic Bị lậm nhạc rock	※ロック Rock 'n' roll / Nhạc rock 'n' roll
化（ば）ける	女に化ける（＝女装する）	disguise oneself as a woman Giả dạng thành con gái	
ばれる	うそがばれる	have a lie exposed Lời nói dối bị lộ tẩy	
釣（つ）り合（あ）う	収入と支出が釣り合う	the income and expenses are balanced Thu nhập và chi tiêu cân bằng	

絡む（から）	毛糸が絡む	yarn gets entangled Sợi len bị rối
	たんが絡む	have phlegm caught in one's throat Vướng đờm
	酔っ払いに絡まれる	have a drunk try to pick a quarrel with you Bị một tên say xin kiếm chuyện
覆す（くつがえ）	常識を覆す	disprove the common sense Lật ngược kiến thức thông thường
見なす（み）	それは不正だと見なされている。	That is considered being dishonest. Việc đó được xem là bất chính.
もたらす	被害をもたらす	cause damage Gây hại
しのぐ	夏の暑さをしのぐ	bear the heat of the summer Chịu đựng cái nóng mùa hè
継ぐ（つ）	父の仕事を継ぐ	inherit one's father's business Tiếp nối công việc của cha
つ(っ)つく	ひじでつつく	nudge with an elbow Huých cùi chỏ

練習Ⅰ　正しいほうに○を付けなさい。

① 彼の順位は、周囲の予想を（a. くつがえして　b. とだえて）３位に終わった。

② 結婚式のスピーチで、型（かた）に（a. そまった　b. はまった）あいさつが続いた。

③ 左右のバランスが（a. つりあって　b. かたよって）いない。

④ 彼は、山の草や木の実を食べて飢（う）えを（a. つきた　b. しのいだ）らしい。

⑤ そのとき一瞬（いっしゅん）、雲（くも）が（a. すたれて　b. とぎれて）日（ひ）が差（さ）した。

⑥ 浮気が妻に（a. ばれて　b. ばけて）しまった。

練習Ⅱ　（　　）にはどれが入りますか。一つ選びなさい。

⑦ 酔っ払いに（　　）、けんかになった。

1　からまれて　　2　かぶれて　　3　はまられて　　4　みなされて

⑧ その村の人口の減少は、（　　）ことがなく、とうとう小学校もなくなってしまった。

1　すたれる　　2　よみがえる　　3　とどまる　　4　ありふれる

▶答えは p.37、正解文の読みは別冊 p.4

p.33 の答え：Ⅰ－①b　②a　③b　④b　⑤a　⑥b　Ⅱ－⑦2　⑧4

第2週 4日目

いろいろ表現しよう②

どんな様子(ようす)？④

学習日　　月　　日(　)

Q. どんな様子？
物事を時間をかけずに
すぐに行う様子
あざやか
すみやか
ゆるやか
この子(こ)、
つぶらな瞳(ひとみ)で
かわいいなあ。

おぼえよう　様子(ようす)を表(あらわ)すい形容詞(けいようし)・な形容詞

くすぐったい	足の裏がくすぐったい。	My feet feel ticklish. Nhột lòng bàn chân.		
渋い(しぶ)	このお茶は渋い。	This tea is strong. Trà này rất chát.		
	渋い顔をする	look grim Gương mặt nhăn nhó	渋い色(いろ)	sober colors Màu trầm
華々しい(はなばな)	華々しい人生	a glorious life Một cuộc đời vẻ vang/ rực rỡ		
みずみずしい	みずみずしい野菜	fresh vegetables Rau củ tươi mọng		
寝苦しい(ねぐる)	寝苦しい夜	a restless night Một đêm khó ngủ		
息苦しい(いきぐる)	彼は息苦しそうだ。	He looks as if he is having difficulty breathing. Anh ta nhìn có vẻ khó thở.	息苦しい雰囲気(ふんいき)	a tense atmosphere Không khí căng thẳng
暑苦しい(あつくる)	暑苦しい部屋	a stuffy room Căn phòng nóng hầm hập		
すばし(っ)こい	すばしっこい犬	an agile dog Chú chó nhanh nhẹn		
素早い(すばや)	素早く答える	answer promptly Trả lời nhanh chóng		
速やか(すみ)(な)	速やかに退去する	leave instantly Bỏ đi ngay lập tức		
健全(けんぜん)(な)	健全な精神(せいしん)	a sound mind Tinh thần minh mẫn/ khỏe khoắn		
健やか(すこ)(な)	健やかに育つ	grow up soundly Lớn lên khỏe mạnh		
軽快(けいかい)(な)	軽快な曲	rhythmical music Khúc nhạc nhịp nhàng		
好調(こうちょう)(な)	好調な売れ行(ゆ)き	selling well Buôn bán đắt hàng		
好評(こうひょう)(な)	新メニューは好評だ。	The new dish is popular. Thực đơn mới rất được ưa thích.		
滑らか(なめ)(な)	滑らかな肌	smooth skin Làn da mượt mà		
細やか(こま)(な)	細やかな愛情	warm affection Tình cảm ấm áp/ sâu sắc		
鮮やか(あざ)(な)	鮮やかな色	bright colors Màu sắc tươi sáng		
緩やか(ゆる)(な)	川の流れが緩やかだ。	The river is flowing slowly. Dòng sông trôi lững lờ.		
しなやか(な)	しなやかな体	a lithe body Cơ thể dẻo dai		
和やか(なご)(な)	和やかな会話	a peaceful conversation Cuộc trò chuyện ôn hòa		
のどか(な)	のどかな風景	a tranquil view Phong cảnh thanh bình		

きらびやか(な)	きらびやかな宮殿(きゅうでん)	a gorgeous palace Cung điện lộng lẫy		
つぶら(な)	つぶらな瞳(ひとみ)	round eyes Đôi mắt long lanh / Mắt biếc		
緊急(きんきゅう)(な/の)	緊急な用事	urgent business Việc gấp rút/ cấp bách		
巧妙(こうみょう)(な)	巧妙な手口	a shrewd trick Thủ đoạn khéo léo/ tinh vi		
巧み(たく)(な)	巧みな演技	a skillful performance Kỹ năng diễn xuất điêu luyện		
円満(えんまん)(な)	円満な家庭	a happy family　Gia đình hạnh phúc/viên mãn	円満に解決する	resolve ... to everyone's satisfaction Giải quyết ổn thỏa
憂うつ(ゆう)(な)	憂うつな日	blue day Ngày ảm đạm		
大胆(だいたん)(な)	大胆なデザイン	bold design Thiết kế táo bạo		
流暢(りゅうちょう)(な)	流暢な英語	fluent English Tiếng Anh thành thạo		
透き通った(す　とお)	透き通ったガラス	clear glass Thủy tinh trong suốt		

練習 I 正しいほうに○を付けなさい。

① あの役者はとても落ち着いた（a. はなばなしい　b. 渋(しぶ)い）演技をする。

② そのサッカー選手は（a. たくみな　b. つぶらな）技(わざ)で、観客を魅了(みりょう)した。

③ スタートは（a. 健全(けんぜん)　b. 好調）だったのに、最後は力が尽(つ)きて最下位になった。

④ 彼女はいつも（a. きらびやかな　b. しなやかな）アクセサリーを身につけている。

⑤ 当店は、お客様に（a. 細(こま)やかな　b. なめらかな）サービスを提供(ていきょう)しています。

⑥ 景気は（a. のどかに　b. ゆるやかに）回復しています。

練習 II（　　）にはどれが入りますか。一つ選びなさい。

⑦ パーティーは（　　　）雰囲気(ふんいき)で進行していった。

1　あざやかな　　2　なごやかな　　3　すこやかな　　4　すみやかな

⑧ 夫婦（　　　）で、幸(しあわ)せな生活(せいかつ)を送っています。

1　円満　　2　健全(けんぜん)　　3　軽快　　4　好調

▶答えは p.39、正解文の読みは別冊 p.4

p.35 の答え：I ― ①a　②b　③a　④b　⑤b　⑥a　　II ― ⑦1　⑧3

いろいろ表現しよう②

どんな様子？⑤

学習日　月　日(　)

Q.(　　　)に入るのは？
今日は、朝から(　)
食べていない。
むちゃに
ろくに
ひそかに
習ったような気がするけど、
ぼくの知識は全部あやふやだ。

おぼえよう　様子を表すい形容詞・な形容詞

何気ない	何気ない言葉に傷つく	be hurt by a careless remark Tổn thương bởi một câu nói vô tình
あっけない	あっけない人生	a brief life Một cuộc đời tẻ nhạt
みすぼらしい	みすぼらしい家	a shabby house Một căn nhà tồi tàn
みっともない	みっともない態度	disgraceful behavior Thái độ tồi tệ
汚らわしい	汚らわしい行為	indecent behavior Hành vi khiếm nhã
乏しい	わが国は資源に乏しい。	Natural resources are scarce in this country. Đất nước chúng ta rất nghèo tài nguyên.
	彼は経験に乏しい。	He lacks experience. Anh ấy thiếu kinh nghiệm
あくどい	あくどい商売	crooked dealing Buôn bán gian dối/lươn lẹo
危うい	このままでは合格が危うい。	Your chances of passing the entrance exam are waning. Cứ như vầy thì việc đỗ kỳ thi là rất đáng lo ngại.
ややこしい	ややこしい関係	a complicated relationship Mối quan hệ phức tạp
素っ気ない	素っ気ない返事	a brusque answer Câu trả lời lạnh lùng / cụt lủn
もろい	もろく壊れやすいワイングラス	a fragile wine glass Ly rượu mỏng manh dễ vỡ
紛らわしい	紛らわしい言葉	confusing words Từ ngữ dễ nhầm lẫn / dễ gây hiểu lầm
久しい	彼に久しく会っていない。	I have not seen him for a long time. Lâu rồi tôi không gặp anh ta.
たやすい	たやすく引き受ける	agree to do something without giving it much thought Chấp nhận dễ dàng
平たい	平たい石(=平らな)	a flat stone Hòn đá phẳng
はかない	はかない命	a transitory life Sự sống mong manh
あやふや(な)	あやふやな態度をとる	take a noncommittal attitude Tỏ thái độ không rõ ràng/ không dứt khoát
うつろ(な)	うつろな瞳	vacant eyes Đôi mắt trống rỗng/ vô hồn
こっけい(な)	こっけいな姿	a funny figure Dáng điệu ngộ nghĩnh こっけいな話 a funny story Câu chuyện hài hước
ちっぽけ(な)	ちっぽけな夢	a very small dream Giấc mơ nhỏ bé
ぞんざい(な)	ぞんざいな言葉遣い	rough language Cách nói chuyện thô lỗ
不気味(な)	不気味な生き物	a weird creature Sinh vật dị hợm
不細工(な)	不細工な形	an ugly shape Hình dạng thô kệch

無茶(むちゃ)(な)	無茶なことを言う	talk nonsense Nói càn/ Nói năng vô lý
雑(ざつ)(な)	彼の仕事は雑だ。	His work is sloppy. Anh ta làm việc cẩu thả.
露骨(ろこつ)(な)	露骨に嫌(いや)がる	bluntly reject Ghét ra mặt
念入(ねんい)り(な)	念入りな計画	well-prepared plan Một kế hoạch tỉ mỉ/ cẩn thận
密(ひそ)か(な)	密かな楽しみ	a secret pleasure Niềm vui lặng lẽ/ Vui thầm
おろそか(な)	勉強がおろそかになる	study gets pushed aside Lơ là học hành
まとも(な)	まともな仕事	a decent job Công việc nghiêm túc, đàng hoàng
	風をまともに受ける	face the wind Đón gió ngay chính diện
ろくな～ない	それはろくな仕事ではない。	I doubt that it's a decent job. Đó không phải là công việc đàng hoàng đâu.
	朝からろくに食べていない。	I haven't eaten much since this morning. Từ sáng không ăn uống đàng hoàng.

練習 I 正しいほうに○を付けなさい。

① ドライブの前に（a. まともに　b. 念入(ねんい)りに）車の点検をした。

② 一軒家(いっけんや)といっても、二部屋だけの（a. ちっぽけな　b. とぼしい）家です。

③ 子育ては決して（a. おろそかな　b. たやすい）ことではない。

④ 電話から（a. ぶきみな　b. ぶさいくな）声が聞こえてきた。

⑤（a. みっともない　b. みすぼらしい）から、電車の中でお化粧(けしょう)するのはやめなさい。

⑥ 生まれて１週間で死ぬという（a. はかない　b. 危うい）命の虫。

練習 II（　　）にはどれが入りますか。一つ選びなさい。

⑦ 友人に金を貸してほしいと言ったら、（　　）いやな顔をされた。

1　ひそかに　　2　むちゃに　　3　ろこつに　　4　こっけいに

⑧ 警察は、その詐欺師(さぎし)の（　　）手口(てぐち)を解明した。

1　ろくな　　2　あくどい　　3　まともな　　4　あっけない

▶答えは p.41、正解文の読みは別冊 p.4

p.37 の答え：Ⅰ－①b　②a　③b　④a　⑤a　⑥b　Ⅱ－⑦2　⑧1

いろいろ表現しよう②

どんな様子(ようす)？⑥

学習日　月　日(　)

Q.(　　)に入るのは？
首相は(　　)ところで歓迎(かんげい)された。

おおはばな
いたる
かぎりない
「あらゆる」も入りますね。
程度を表す言葉は 特に
意味が似ているものが多いので
フレーズで覚えましょう。

おぼえよう　程度(ていど)を表(あらわ)す言葉(ことば)

ものすごい	外はものすごい風だ。	It is very windy outside. Bên ngoài gió dữ quá.
おびただしい	おびただしい数の虫	a large number of insects Số lượng côn trùng nhiều không đếm xuể
甚(はなは)だしい	彼は非常識も甚だしい。	He has no common sense at all. Sự thiếu hiểu biết của anh ta đã vượt qua mức thông thường.
目覚(めざ)ましい	目覚ましい活躍(かつやく)	a remarkable achievement Hoạt động nổi bật / đáng kinh ngạc
限(かぎ)りなく／無限(むげん)に	限りなく広がる大草原	a prairie that extends to the horizon Vùng thảo nguyên bao la vô tận
果(は)てしない	果てしない大地	barren land as far as the eye can see Vùng đất mênh mông/bát ngát
極(きわ)めて	極めて重要な問題	a very serious problem Vấn đề cực kỳ nghiêm trọng
断然(だんぜん)	その店の客は若い人が断然多い。	The shop definitely attracts younger people. Khách của cửa hàng đó giới trẻ đông thấy rõ.
めちゃくちゃ(な)	車がめちゃくちゃに壊(こわ)れる。	The car is totaled. Xe hơi bị hư hỏng rất nặng
	めちゃくちゃおいしい	very tasty (slang) Cực kỳ ngon　＊日常(にちじょう)会話でよく使う。
めちゃ／めっちゃ	＊最近、若者の間で「めちゃ忙しい」「メッチャうれしい」などとよく使われる俗語(ぞくご)。カタカナで書くことも多い。	
完(かん)ぺき(な)	完ぺきな演技	a perfect performance Kỹ thuật diễn xuất hoàn hảo
強烈(きょうれつ)(な)	強烈な印象	a very strong impression Ấn tượng mạnh mẽ
猛烈(もうれつ)(な)	猛烈に働く	work extremely hard Làm việc hăng say
圧倒的(あっとうてき)(な)	反対意見が圧倒的に多い。	The majority are opposed. Ý kiến phản đối nhiều áp đảo.
極端(きょくたん)(な)	極端な意見	an extreme opinion Ý kiến cực đoan
大幅(おおはば)(な)	大幅に増加する	increase drastically Tăng mạnh/Tăng nhanh
半端(はんぱ)(な)	半端な布	a piece of cloth that is an awkward size Mảnh vải có kích thước lỡ cỡ
中途半端(ちゅうとはんぱ)(な)	工事が中途半端に終わる。	The construction remains unfinished. Việc xây dựng kết thúc dang dở
かすか(な)	かすかに聞こえる	can bareley hear Nghe loáng thoáng
若干(じゃっかん)	若干名の社員を募集する	recruit one or two new employees Tuyển dụng một vài nhân viên

いかなる	いかなるときも全力を尽(つ)くそう。	We should always try our best. Dốc hết sức mình dù trong hoàn cảnh nào.
あらゆる	あらゆる機会を利用する	make use of every opportunity Tận dụng mọi cơ hội
いたるところ	いたるところで歓迎(かんげい)される	be welcomed everywhere Được đón chào ở mọi nơi đặt chân tới
大(おお)げさ(な)	彼の話は大げさだ。	He exaggerates. Anh ta nói quá lên.
大(おお)まか(な)	要点を大まかに話す	talk about the major points Nói những điểm chính yếu
おおかた／だいたい	講義(こうぎ)のおおかたは理解できる。	I understand most of the lectures. Tôi hiểu được hầu hết nội dung bài giảng.
	おおかた、明日には回復するだろう。	Most probably it will recover by tomorrow. Có lẽ ngày mai là hồi phục lại thôi.
おおよそ	おおよその見当(けんとう)をつける	estimate roughly Dự đoán đại khái
おおむね	おおむね賛成である	agree in principle Hầu hết là đồng ý

練習Ⅰ 正しいほうに○を付けなさい。

① (a. おおかた　b. おおまか) の人が、彼の意見に賛成(さんせい)した。

② 今回、価格(かかく)を (a. 大幅(おおはば)に　b. 極(きわ)めて) 値下げしました。

③ 消費税の値上げには (a. 断然(だんぜん)　b. 極端) 反対します。

④ この分野は、ここ 10 年で (a. おおげさな　b. めざましい) 進歩を遂(と)げた。

⑤ このあたりは (a. いたる　b. 限りない) ところにコンビニがあります。

⑥ 砂糖は (a. かすかに　b. 若干(じゃっかん)) 多めに入れたほうがおいしいです。

練習Ⅱ (　　) にはどれが入りますか。一つ選びなさい。

⑦ 口げんかでは妻のほうが (　　　) 強い。

1　無限に　　2　圧倒的に　　3　半端(はんぱ)に　　4　完ぺきに

⑧ (　　　) 場合でも相談に応(おう)じます。

1　いかなる　　2　いたる　　3　おおよその　　4　おおむねの

▶答えは p.43、正解文の読みは別冊 p.4

p.39 の答え：Ⅰ－①b　②a　③b　④a　⑤a　⑥a　Ⅱ－⑦3　⑧2

第2週
7日目

いろいろ表現しよう②

復習＋もっと

学習日
月　　日（　）

Q. 説明に最も合う言葉を、a・b・c　から一つ選びなさい。（答えは p.46）

問題にある説明だけでなく、他の意味もありますよ。
え〜！ 一つだけでも覚えられないのに…
そんなに嘆（なげ）かないで！

1日目

▶p.30,31

1．思いがけないことにあって言葉も出なくて、ぼんやりしている様子

a　とぼける　　b　ぼうぜんとする　　c　まごつく

2．ある対象（たいしょう）に、自分の持つすべてを惜（お）しみなくつぎこむ

a　ささげる　　b　かなえる　　c　さっする

2日目

▶p.32,33

1．数量（すうりょう）の大きいことにいう。ほとんどの場合、金銭（きんせん）が多くなって困る

a　そびえる　　b　ぶれる　　c　かさむ

2．衣服（いふく）など破（やぶ）れたところや物の壊（こわ）れたところを直したりして、整（ととの）える

a　つくろう　　b　うるおう　　c　はぐ

3日目

▶p.34,35

1．染料（せんりょう）や絵（え）の具（ぐ）、墨（すみ）などがついたりしみ込んだりして、その色になる

a　はまる　　b　そまる　　c　こめる

2．変化、進行していたものが止まる

a　つっつく　　b　とだえる　　c　かたよる

4日目

▶p.36,37

1．丸くて愛らしくて、かわいい様子

　a　なめらかな　　b　つぶらな　　c　たくみな

2．行動などが速く、軽く動く様子

　a　しなやかな　　b　こまやかな　　c　すばしっこい

5日目

▶p.38,39

1．複雑(ふくざつ)でわかりにくい、やっかいで、紛(まぎ)らわしいなどの意味

　a　ややこしい　　b　そっけない　　c　こっけいな

2．元の形や状態(じょうたい)がくずれやすくて壊(こわ)れやすい様子

　a　しぶい　　b　もろい　　c　うつろな

6日目

▶p.40,41

1．数(かず)や量(りょう)、程度(ていど)などが非常に多い様子

　a　めざましい　　b　おおげさな　　c　おびただしい

2．終わりがなく、どこまでも続いている様子

　a　圧倒的(あっとうてき)な　　b　果(は)てしない　　c　大幅(おおはば)な

もっと覚えよう　＊様子を表す形容詞＊

目(め)まぐるしい	目まぐるしく変わる社会	rapidly changing society Một xã hội thay đổi chóng mặt
たわいない	たわいない会話を楽しむ	enjoy small talk Thích tán gẫu
気(き)まずい	気まずい関係	an awkward relationship Mối quan hệ khó xử
理屈(りくつ)っぽい	理屈っぽい人	argumentative person Người thích áp đặt
高尚(こうしょう)な	高尚な趣味(しゅみ)	refined taste Sở thích cao quý
大胆(だいたん)な	大胆な意見	bold opinion Ý kiến táo bạo
切実(せつじつ)な	人間関係の悩みは切実だ。	Relationship problems are serious. Lo lắng về quan hệ giữa người với người là thiết thực.

p.41 の答え：Ⅰ－①a　②a　③a　④b　⑤a　⑥b　Ⅱ－⑦2　⑧1

まとめの問題

制限時間：20分
1問5点×20問
答えはp.46
正解文の読みと解説は別冊p.4～5

点数
／100

問題1　（　）に入れるのに最もよいものを、1・2・3・4から一つ選びなさい。

1 一度払い込んだ入学金は、（　　）理由があっても返金しません。

1　ものすごい　　2　なにげない　　3　いかなる　　4　ややこしい

2 母はいつも「お金がない、お金がない」と（　　）いる。

1　ぼやいて　　2　とぼけて　　3　ぼけて　　4　こりて

3 彼女はいま、ロックに（　　）います。

1　かたよって　　2　意気込んで　　3　かぶれて　　4　ばれて

4 凶悪犯は（　　）逮捕されてしまった。

1　なにげなく　　2　そっけなく　　3　みっともなく　　4　あっけなく

5 このプリンはとても（　　）舌触りですね。

1　あざやかな　　2　のどかな　　3　すみやかな　　4　なめらかな

6 母の愛情の（　　）手作りのお弁当。

1　からんだ　　2　ばれた　　3　つきた　　4　こもった

7 地震で倒れたビルの下から（　　）声が聞こえる。

1　うつろな　　2　かすかな　　3　あらゆる　　4　はんぱな

8 津波はその地方に大きな被害を（　　）。

1　もたらした　　2　はかどった　　3　引きずった　　4　かさばった

9 近所に雷が落ちて、（　　）音がした。

1　はなはだしい　　2　ものすごい　　3　すばしっこい　　4　おびただしい

10 安かったから仕方がないかもしれないが、このソファーは作りがとても（　　）です。

1　雑　　2　露骨　　3　巧妙　　4　不気味

問題２　次の言葉の使い方として最もよいものを、１・２・３・４から一つ選びなさい。

11 かさばる

1　今月は食事代がかさばってしまった。

2　雨が降ってきたのでかさばって歩いた。

3　袋が大きく、かさばって持ちにくい。

4　住宅がたくさんかさばっている。

12 どもる

1　社長との面談で、緊張のあまりどもってしまった。

2　家に明かりがどもっている。

3　年をとって頭がだんだんどもってきた。

4　調子の悪かったパソコンがついにどもった。

13 そっけない

1　家の裏でそっけない音がする。

2　その事件はそっけなく解決した。

3　相当がんばってもそっけなく合格できないでしょう。

4　怒った妻は「勝手にすれば？」とそっけない返事をした。

14 すたれる

1　長い間水をやらなかったから、植木がすたれてしまった。

2　彼の考え方はすたれていて、年寄りはもちろん若者にも理解できない。

3　あんなにはやったゲームだが、あっという間にすたれてしまった。

4　「知らない」とすたれてもだめだよ。みんな知っているんだから。

15 ひさしい

1　ひさしく素晴らしい映画を見た。

2　そういえば、ひさしくすきやきを食べていないなあ。

3　彼は自分の意見をひさしく述べた。

4　ひさしくない関係の人には、メールアドレスを知らせていない。

問題3　＿＿＿の言葉に意味が最も近いものを、１・２・３・４から一つ選びなさい。

16 久しぶりにジョギングをしたら、<u>とても疲れた</u>。

1　ばてた　　2　とぼけた　　3　たるんだ　　4　こもった

17 私はスポーツは何でも得意だが、水泳だけは田中（たなか）さんに<u>負ける</u>。

1　おびえる　　2　いかれる　　3　さえない　　4　かなわない

18 それは、どこにでもいる<u>平凡な</u>虫です。

1　あっけない　　2　ありふれた　　3　まぎらわしい　　4　あやふやな

19 久しぶりに会った高校時代の同級生は、とても<u>実際の年齢より上に</u>見えた。

1　ぼやけて　　2　ばけて　　3　はげて　　4　ふけて

20 そのスケート選手は、最初のジャンプを<u>失敗して</u>しまった。

1　しくじって　　2　さっして　　3　どもって　　4　とまどって

復習（p.42 ～ 43）の答え：
1日目　1. b　2. a　2日目　1. c　2. a　3日目　1. b　2. b
4日目　1. b　2. c　5日目　1. a　2. b　6日目　1. c　2. b

まとめの問題（p.44 ～ 46）の答え：
問題１　1 3　2 1　3 3　4 4　5 4　6 4　7 2　8 1　9 2　10 1
問題２　11 3　12 1　13 4　14 3　15 2
問題３　16 1　17 4　18 2　19 4　20 1

第3週

副詞をじっくり学習しよう

ふくし　がくしゅう

第3週

1日目

副詞をじっくり学習しよう

すらすら問題を解こう

学習日　月　日(　)

おぼえよう　様子を表す言葉

こうこうと	ライトがこうこうとついている。	The lights are shining brightly. Đèn chiếu sáng rực rỡ.
ごしごし	鍋をごしごしこすって洗う	scrub the pot Chà rửa nồi lạo xạo
すらすら	難問をすらすら解く	answer difficult questions easily Trả lời lưu loát các câu hỏi khó
ずるずる	重い荷物をずるずる引きずる	drag heavy luggage Kéo lê lết hành lý nặng
	ストがずるずる長引く	the strike is dragging on Cuộc đình công kéo dài lê thê
ばらばら	機械をばらばらにする	take a machine apart Tháo rời máy ra
	一家がばらばらになる	a family falls apart Gia đình phân tán
じめじめ(する)	梅雨で部屋がじめじめしている。	The room is damp during the rainy season. Căn phòng ẩm ướt trong mùa mưa.
	じめじめした話	a depressing story Câu chuyện ảm đạm
ざあざあ	雨がざあざあ降っている。	It is pouring outside. Mưa ào ạt.
がんがん(する)	頭ががんがんする。	My head is pounding. Đầu nhức ong ong.
かんかん	父がかんかんに怒っている。	My father is in a rage. Cha tôi nổi giận đùng đùng.
	夏の太陽がかんかんに照りつける。	The summer sun is beating down. Nắng mùa hè tỏa sáng chói chang.
だらだら	汗をだらだら流す	drip with sweat Mồ hôi nhễ nhại
	だらだらと仕事をする	work inefficiently Làm việc lề mề
	だらだらとした生活	a idle lifestyle Lối sống lừ đừ
だぶだぶ	だぶだぶ(=ぶかぶか)のズボン	baggy pants Quần rộng lùng thùng / thùng thình
つやつや(する)	つやつやしている髪	silky hair Mái tóc óng ả
まちまち	人の意見はまちまちだ。	Opinions vary from person to person. Mỗi người một ý / 9 người 10 ý.
丸々	丸々太っている赤ちゃん	a plump baby Em bé mập mũm mĩm
	それをやるには丸々三日かかる。	It will take three whole days to do that. Làm cái đó sẽ mất trọn 3 ngày.
ひらひら(する)	カーテンがひらひらしている。	The curtains are swaying. Màn cửa rung khẽ khàng.
ぐちゃぐちゃ	かばんの中がぐちゃぐちゃになっている。	The inside of my bag is a mess. Bên trong túi xách rất lộn xộn.

もっと
おぼえよう　程度を表す言葉

むちゃくちゃ	電車がむちゃくちゃ混む。	The train gets unbelievably crowded. Xe điện đông kinh khủng
	➔むちゃくちゃな意見	an opinion that makes no sense Ý kiến nhảm nhí
さんざん	さんざん注意される	be warned strongly Bị chú ý rất nhiều
	➔さんざんな目にあう	have a disastrous experience Gặp chuyện khủng khiếp
ほどほど	ほどほどにお酒を飲む	drink moderately Uống chừng mực
そこそこ	試験でそこそこいい点を取る	do alright in an exam Đạt điểm kha khá trong kỳ thi
甚だ	甚だ迷惑である。	It is extremely bothersome. Vô cùng phiền toái.

練習Ⅰ 正しいほうに○を付けなさい。

① 雨の日が続いて、部屋が（a. ざあざあ　b. じめじめ）している。

② 犬がえさを前にして、（a. ずるずる　b. だらだら）よだれをたらしている。

③ 運送料は業者によって（a. まちまち　b. まるまる）です。

④ 野原をちょうちょが（a. だぶだぶ　b. ひらひら）飛んでいる。

⑤（a. ばらばら　b. だらだら）のジグソーパズルを組み合わせて完成させた。

⑥（a. ずるずる　b. すらすら）と日本語が読めるようになりたい。

練習Ⅱ（　　）にはどれが入りますか。一つ選びなさい。

⑦ 契約に失敗した。上司は（　　　）怒るだろうなあ。

1　がんがんに　　2　かんかんに　　3　ごしごしと　　4　こうこうと

⑧ 絶対に当選すると思っていたので、彼が落選したのは（　　　）残念なことです。

1　そこそこ　　2　ほどほど　　3　はなはだ　　4　さんざん

▶答えは p.51、正解文の読みは別冊 p.5～6

着々(ちゃくちゃく)と進(すす)めよう

学習日
月　　日(　)

Q.(　　　)に入るのは？
(　　　)働く。
はらはら
ぴんぴん
こつこつ
おなかが
ぺこぺこのときは
考えられない。

おぼえよう

人の様子	うとうと(する)	電車の中でうとうとした。	I dozed off on the train. Tôi đã ngủ gật trên tàu điện.
	ふらふら(する)	頭がふらふらする	feel faint Đầu óc choáng váng
	おどおど(する)	面接でおどおどする	act shyly at interview Rụt rè trong buổi phỏng vấn
	くよくよ(する)	そんなにくよくよしないで。	Stop brooding. Đừng có lo lắng vớ vẩn như vậy.
	ぴんぴん(する)	祖父はぴんぴんしている。	My grandfather is full of life. Ông tôi rất năng động.
	ぺこぺこ(する)	ぺこぺこお辞儀(じぎ)をする	bow repeatedly Cúi đầu chào khúm núm
		➔ おなかがぺこぺこだ。	I am famished. Bụng réo ầm ĩ.
	わくわく(する)	久しぶりの旅行にわくわくする。	I am excited to travel for the first time in a while. Hào hứng về chuyến du lịch sau một thời gian dài.
	はらはら(する)	見ていてはらはらする。	It makes me nervous to watch. Xem mà nín thở.
		花びらがはらはらと散っている。	The flower petals are fluttering to the ground. Cánh hoa rơi lác đác.
	むかむか(する)	胃がむかむかする。	My stomach feels sick. Chướng bụng buồn nôn.
		彼の態度(たいど)にむかむかする(=むかつく)。	He annoys me. Thái độ của anh ta làm tôi bực mình.
	こつこつ	こつこつ貯金する	slowly and steadily save money Để dành tiền từng chút một / Tích cóp từng đồng
		靴音がこつこつと響(ひび)く	the shoes clatter Tiếng giày kêu cộp cộp
	ゆうゆう	ゆうゆうと散歩する	take a leisurely walk Thong thả đi bộ
		待ち合わせにゆうゆう間に合う	arrive early for a meeting Dư dả thời gian đến chỗ hẹn
	がみがみ	いつも母親にがみがみ言われる。	My mother always nags me. Tôi luôn bị mẹ cằm ràm.
	いやいや	いやいや仕事をする	work unwillingly Làm miễn cưỡng / khó chịu
	しぶしぶ	しぶしぶ承知する	agree reluctantly Chấp nhận một cách miễn cưỡng
	つくづく	自分がつくづくいやになる。	I am utterly disappointed with myself. Tôi cảm thấy cực kỳ khó chịu.
時	ぎりぎり	会議にぎりぎり間に合った。	I was just in time for a meeting. Tôi đã đến kịp cuộc họp sát nút.
	ぼつぼつ	さあ、ぼつぼつ(=そろそろ)出かけよう。	Let's get going. Nào, chuẩn bị đi ra ngoài thôi!
	ちょくちょく	彼はちょくちょく遊びに来る。	He comes by every once in a while. Thỉnh thoảng anh ta lại đến chơi.
	しばしば	地震がしばしば(=たびたび)起こる。	Earthquakes occur frequently. Động đất xảy ra thường xuyên.

その他	代わる代わる（かわるがわる）	代わる代わる（=交代（こうたい）で）意見を述べる	take turns expressing opinions Lần lượt đưa ra ý kiến
	ところどころ	壁（かべ）がところどころ汚れている。	The wall is dirty here and there. Trên tường bị bẩn lỗ chỗ.
	わざわざ	わざわざお越しいただいて……。	Thank you for taking the trouble to come. (Cảm ơn / Phiền) Anh đã cất công đến đây…
	くれぐれも	くれぐれもよろしくお伝えください。	Please give my best regards to ... Cho tôi gửi lời hỏi thăm.
	方々（ほうぼう）	方々歩き回る	wander around Đi bộ lòng vòng
	種々（しゅじゅ）	サイズが種々ある。	They come in various sizes. Có đủ loại kích cỡ
	着々（ちゃくちゃく）	着々と進んでいる	be making steady progress Tiến triển thuận lợi
	長々（ながなが）	長々とおじゃましました。	I am sorry to have stayed for so long. Xin lỗi vì tôi ở lâu làm phiền bạn.
	転々（てんてん）	職場を転々とする	change jobs frequently Hay chuyển công việc / Nhảy việc
	点々（てんてん）	床に血が点々とついている。	There are drops of blood on the floor. Máu dính lốm đốm trên sàn nhà.

練習 I 正しいほうに○を付けなさい。

① 彼は住居を（a. 種々　b. 転々）とした。

② このラーメン屋には（a. ぼつぼつ　b. ちょくちょく）きます。

③ 済んだことをいつまでも（a. くよくよ　b. ふらふら）しても仕方がない。

④ 話題の本を買おうと思って（a. ほうぼう　b. かわるがわる）探したが、どこも売り切れだった。

⑤ このレポートは（a. ところどころ　b. 点々）字の間違いはあるが、いい内容だ。

⑥ 彼女は、文句（もんく）を言いながらも（a. しぶしぶ　b. つくづく）仕事を手伝ってくれた。

練習 II（　　）にはどれが入りますか。一つ選びなさい。

⑦ 今から駅に向かったら、10時の電車に（　　）間に合うでしょう。

1　ゆうゆう　　2　はらはら　　3　ちょくちょく　　4　くれぐれも

⑧ 彼は家を買う資金を（　　）貯めている。

1　つくづく　　2　しばしば　　3　こつこつ　　4　わざわざ

▶答えは p.53、正解文の読みは別冊 p.6

p.49 の答え：I －①b　②b　③a　④b　⑤a　⑥b　II－⑦2　⑧3

3日目

じっくり考(かんが)えよう

学習日 月 日( )

Q. どんな様子？
疲(つか)れや病気のために
体の力が抜け、
元気がない様子
ぐったり
あっさり
がっしり
さっぱり
わからないよ。
もう勉強は
うんざりだよ。

おぼえよう

○っ○り	じっくり	じっくり考えてから返事をする	reply prudently Tôi sẽ trả lời sau khi suy nghĩ cẩn thận
	じっとり（する）	じっとりと汗ばむ	sweat heavily Mồ hôi ướt đẫm
	しっとり（する）	しっとりとぬれる	become wet Âm ẩm
		しっとりと落ち着いた女性	a calm woman Một cô gái điềm đạm
	あっさり（する）	あっさりした味	simple flavour Vị thanh
		試合にあっさり負ける	lose the game easily Thất bại dễ dàng trong trận đấu
	さっぱり（する）	さっぱりした性格	a frank personality Tính cách thẳng thắn
		お風呂に入ってさっぱりした。	I felt refreshed from the bath. Cảm thấy khoan khoái sau khi ngâm trong bồn tắm.
	がっしり（する）	がっしりした体つき	a solid build Hình thể rắn chắc
	がっちり（する）	がっちり（＝がっしり）した建物	a solid building Tòa nhà vững chãi
		がっちりお金をためる	save money steadily Tích lũy tiền bạc chắc chắn / Cần kiệm
	がっくり（する）	試験に落ちてがっくり（＝がっかり）した。	I felt down from failing the exam. Thất vọng vì thi rớt.
		がっくりと首をたれる	hang one's head low Gục đầu ủ rũ
	きっかり	きっかり 10時に開店する	open at ten on the nose Mở tiệm vào đúng 10 giờ
	きっぱり	きっぱり断る	flatly refuse Từ chối thẳng thừng
	ぐったり（する）	疲(つか)れてぐったりする	be dead tired Mệt đuối sức
	くっきり（する）	晴(は)れて富士山(ふじさん)がくっきり見える。	I can see Mt. Fuji clearly because of the nice weather. Có thể thấy rõ núi Phú Sĩ vì thời tiết đẹp.
	ぐっしょり びっしょり	汗でぐっしょりぬれる	be soaked with sweat Mồ hôi ướt đẫm đìa / ướt sũng
	げっそり	病気でげっそりやせる	lose a lot of weight from being ill Gầy rộc đi do bị ốm
	てっきり	てっきりみんな知っていると思っていた。	I just assumed everyone knew. Tôi cứ tưởng chắc rằng ai cũng biết.
	まる（っ）きり	昔とまるっきり（＝まるで）違っている。	It has completely changed. Hoàn toàn khác so với ngày xưa.

○ん○り	うんざり(する)	その話はもううんざりだ。	I am tired of hearing that story. Chuyện đó chán lắm rồi.
	すんなり(する)	すんなりした手足	slender arms and legs Tay chân mảnh dẻ/ mảnh mai
		問題はすんなり解決した。	The problem was fixed easily. Vấn đề được giải quyết nhanh gọn.
○っと	さっと	テーブルをさっとふく	give the table a quick wipe Lau bàn thật nhanh
	はっと(する)	物音にはっとする(=驚(おどろ)く)	jump from a sudden noise Giật nảy mình vì tiếng động
		はっと気がつく	suddenly notice Đột nhiên nhận ra
	きちっと(する)	引き出しにきちっと(=きちんと)しまう	put away neatly in a drawer Cất vào ngăn kéo gọn gàng /đàng hoàng
	ぎゅっと	手をぎゅっと握(にぎ)る	hold hands tightly Nắm tay thật chặt
その他	ぴたりと	ぴたりと言い当てる	guess exactly Đoán trúng phóc
	ずばり	ずばり一言で言ってください。	Would you come directly to the point? Hãy nói thẳng một tiếng đi.

練習 I 正しいほうに○を付けなさい。

① 「たばこ」という言葉は（a. きっぱり　b. てっきり）日本語だと思っていたけど、違うんだね。

② 彼は、それが自分の犯行であることを（a. あっさり　b. がっくり）認めた。

③ ライトアップで東京タワーが夜空に（a. くっきりと　b. きちっと）浮かび上がった。

④ 彼女は（a. さっと　b. はっと）立ち上がって、座席を老人に譲(ゆず)った。

⑤ 新しい携帯(けいたい)電話の使い方が（a. うんざり　b. さっぱり）わからない。

⑥ 今日限りで（a. きっぱり　b. きっかり）と酒をやめます。

練習 II （　　）にはどれが入りますか。一つ選びなさい。

⑦ 遊んだ後はおもちゃを（　　　）片付けなさい。

1　さっぱり　　2　きちっと　　3　すんなり　　4　がっくり

⑧ 運動して汗を（　　　）かいた。

1　しっとり　　2　げっそり　　3　びっしょり　　4　ぎゅっと

▶答えは p.55、正解文の読みは別冊 p.6

p.51 の答え：I－①b　②b　③a　④a　⑤a　⑥a　II－⑦1　⑧3

副詞をじっくり学習しよう

あらかじめ準備(じゅんび)しておこう

学習日　月　日(　)

Q. ＿＿と同じ意味は？

彼は絶えずガムをかんでいる。

四六時中(しろくじちゅう)
再三(さいさん)
時折(ときおり)
「一日中、いつも」という頻度(ひんど)※を表す言葉です。

※頻度(ひんど) frequency Tần suất

おぼえよう

時を表す言葉	先(さき)に	先に述べたように……	As I mentioned to you earlier, Như tôi đã trình bày hồi nãy...
	じきに	にわか雨だからじきにやむよ。	It is only a light rain so it will stop shortly. Chỉ là mưa rào nên sẽ tạnh ngay thôi.
	さなか	暑いさなかに外出する	go out on a hot day Đi ra ngoài trong lúc trời nắng nóng
	とっさに	とっさにブレーキを踏(ふ)んだ。	I slammed on the breaks. Đạp thắng ngay lập tức.
	不意(ふい)に	不意に訪問される	have an unexpected visit Có khách đến thăm đột ngột
	いまさら	いまさらできないと言われても困る。	It is too late for you to renege. Đến giờ này mà bạn nói không làm được thì phiền cho tôi lắm.
		いまさら言うまでもないが…	I shouldn't have to tell you this but … Giờ mà nói cũng chẳng để làm gì nhưng...
	いまに	そんなことをしていると、いまに後悔(こうかい)しますよ。	You will someday regret what you are doing now. Nếu làm chuyện đó thì rồi bạn sẽ hối hận.
	いまにも	いまにも雨が降りそうだ。	It looks like it's going to rain any minute. Trời nhìn như sẽ mưa bất cứ lúc nào.
	いまだに	いまだにその事件は解決していない。	The crime has still not been solved. Đến giờ vẫn chưa giải được vụ án đó.
	いざ	いざという時に	in case of emergency Trong trường hợp khẩn cấp
	あらかじめ (＝前(まえ)もって)	欠席の場合は、あらかじめご連絡ください。＊少し硬(かた)い言い方	Please contact us in advance if you cannot attend. Nếu không tham gia được thì vui lòng liên lạc trước.
	かねて （より/から）	かねて計画していた旅行をする	leave on a trip which has been planned in advance Đi chuyến du lịch đã lên kế hoạch từ trước
		お名前はかねてから伺っております。	I have been hearing about you for a long time. Tôi đã nghe tiếng anh từ lâu rồi.
	かつて	かつて住んでいた場所	a place where I once lived Nơi tôi từng sinh sống
頻度を表す言葉	しょっちゅう	しょっちゅう酒を飲む	drink frequently　Hay uống rượu
	絶(た)えず	絶えず水が流れている。	The water is constantly running. Nước chảy không ngừng
	再三(さいさん)	再三、注意する	warn over and over again Nhắc đi nhắc lại / Nhắc nhở nhiều lần
	片時(かたとき)も	子どもから片時も目が離(はな)せない。	I cannot take my eyes off my child for even one second. Không thể lơ là với trẻ nhỏ một giây phút nào.
	四六時中(しろくじちゅう)	彼は四六時中、食べている。	He eats at all hours of the day. Anh ta ăn cả ngày.
	時折(ときおり)	時折、鳥の鳴き声がする。	I hear birds chirping every once in a while. Thỉnh thoảng lại có tiếng chim hót.

否定語が後に来る言葉			
	めったに～ない	私はめったに風邪をひかない。	I rarely catch a cold. Tôi hiếm khi bị cảm lạnh.
	二度(にど)と～ない	二度と遅刻はしません。	I will never be late again. Tôi sẽ không bao giờ đến muộn nữa.
	到底(とうてい)～ない	到底間(ま)に合わない	cannot possibly make it in time Chắc chắc không thể kịp
		到底無理だ。	It's absolutely impossible. Chắc chắn không thể được.
	一向(いっこう)に～ない	話が一向に進まない。	The discussion is going nowhere. Cuộc nói chuyện chẳng đi đâu đến đâu.
		➲ 一向に平気だ。	I don't care at all. Tôi chẳng quan tâm.
	一切(いっさい)～ない	私はその事件(じけん)とは一切関係(かんけい)ない。	I have nothing to do with the case. Tôi hoàn toàn không liên quan gì đến vụ việc đó.
	さっぱり～ない	講義(こうぎ)がさっぱりわからない。	I do not understand the lecture at all. Tôi hoàn toàn không hiểu bài giảng.
	さほど～ない	今日はさほど(=それほど)寒くない。	It is not that cold today. Trời hôm nay không đến mức lạnh lắm.
	ろくに～ない	わたしはろくに英語が話せない。	I can hardly speak English. Tôi không thể nói tiếng Anh tốt.

練習 I 正しいほうに○を付けなさい。

① 彼女はぐっすり寝ていて、(a. いっこうに　b. とうてい) 目を覚ます気配がない。

② 私は (a. いまに　b. いまだに) 海外旅行をしたことがない。

③ 新タイプの機種ですが、値段は (a. さっぱり　b. さほど) 高くないですよ。

④ 最初は違和感があるけど、(a. 先に　b. じきに) 慣れるよ。

⑤ 妻は (a. 四六時中　b. 片時も) 文句(もんく)を言っている。

⑥ 後ろから (a. 時折　b. 不意に) 呼びかけられて驚(おどろ)いた。

練習 II (　　) にはどれが入りますか。一つ選びなさい。

⑦ 最近の高校生は (　　　) 携帯(けいたい)電話を離(はな)さない。

1　しょっちゅう　　2　片時も　　3　再三　　4　とっさに

⑧ 30年ぶりに母校を訪ねたら、(　　　) 校庭だったところに大きなマンションが建っていた。

1　かつて　　2　いまに　　3　先に　　4　かねて

▶答えは p.57、正解文の読みは別冊 p.6

p.53 の答え：I－①b　②a　③a　④a　⑤b　⑥a　　II－⑦2　⑧3

第3週
5日目

副詞をじっくり学習しよう

ひたすら覚えよう

学習日
月　　日(　)

Q.(　　)に入るのは？
だめだと言われると
(　　)やりたくなる。
なおさら
まさしく
いかにも
ぼくはダメだと言われたら、
すぐにあきらめる。
素直だから。

おぼえよう　強調を表す言葉

いたって	母は、至って元気です。	My mother is doing very well. Mẹ tôi rất khỏe mạnh.
いかにも	社長の考えはいかにも日本的だ。	The president's way of thinking is typically Japanese. Cách nghĩ của giám đốc điển hình đúng theo kiểu Nhật.
	➲ いかに(=どれほど)努力してもできないだろう。	I probably will not succeed no matter how hard I try. Dù nỗ lực cách mấy cũng không làm được.
いやに	今日はいやに暑い。	It is awfully hot today. Hôm nay trời nóng khủng khiếp.
さも	さもあろう。＊当然だという気持ちを表す。	That may be so.　Chắc là vậy rồi.
	彼はさも(=いかにも)うれしそうに笑った。	He smiled with evident pleasure. Anh ta cười không giấu được niềm vui sướng.
何より	合格して何よりうれしい。	I am so glad to have passed the exam. Không gì vui sướng hơn khi thi đậu.
とりわけ	とりわけ(=特に)ビールが好きだ。	I particularly like beer. Đặc biệt rất thích bia.
ことに	この小説はことに(=特に、とりわけ)面白い。	This novel is quite interesting. Cuốn tiểu thuyết này vô cùng thú vị.
さぞ さぞかし	ご両親はさぞ(かし)お喜びでしょう。	Your parents must be happy. Bố mẹ bạn chắc hẳn là vui mừng lắm.
よほど よっぽど	あの荷物はよほど重いようだ。	That box looks awfully heavy. Hành lý đó có vẻ rất nặng.
	よっぽど国に帰ろうかと思った。	I almost went back to my country. Tôi gần như định quay về nước.
なおさら	だめだと言われると、なおさら(=ますます)やりたくなる。	Being told it is impossible makes me want to do it all the more. Càng bị nói không thể thì tôi lại càng muốn làm hơn.
まさしく	これはまさしく本物のダイヤです。	This is definitely a real diamond. Cái này chắc chắn là kim cương thật.
まして	大人でもできないのだから、まして子どもには無理だ。	There is no way an adult can do it, let alone a child. Người lớn còn không làm được thì con nít lại càng không thể.
誠に	誠に申し訳ありません。	I am truly sorry. Tôi thành thật xin lỗi.
もっぱら	休日はもっぱらゴルフをしている。	I devote my spare time entirely to golf. Tôi dành trọn ngày nghỉ để chơi đánh gôn.
ひたすら	ひたすら走り続ける	keep running forever Chuyên tâm tiếp tục chạy
もろに	もろに地震の被害を受けた。	We were directly affected by the earthquake. Chịu những hậu quả trực tiếp từ vụ động đất.

やけに やたらに やたらと	やけにのどが渇(かわ)くなあ。	I am awfully thirsty. Khát khô cả cổ họng.
	最近(さいきん)、やたらと寝汗をかく。	I sweat an awful lot in my sleep these days. Dạo này, khi ngủ đổ rất nhiều mồ hôi trộm.
たかが	たかが一度の失敗で、あきらめるな。	Don't give up over just one failure. Đừng bỏ cuộc chỉ sau có một lần thất bại.
	たかが子どもの言うことだ。	It's just a child's comment. Chỉ là lời nói của trẻ con.
てんで	その話はてんで面白くない。	That story is not at all interesting. Câu chuyện đó chả thú vị chút nào.
むろん	私はむろん（＝もちろん、言うまでもなく）賛成だ。	I certainly agree. Tất nhiên là tôi tán thành.
なんと なんて	なんときれいな人だろう。	What a beautiful person. Người sao mà đẹp vậy.
残(のこ)らず	知っていることを残らず話す	tell all of what you know Nói toàn bộ những gì bạn biết

練習 I 正しいほうに○を付けなさい。

① このカップ麺(めん)は、あそこのラーメン屋より（a. よっぽど　b. まして）おいしい。

② 彼は何も言わないが、（a. さも　b. いたって）いやそうな顔をしている。

③ 虫に刺されたところをかいたら、（a. なおさら　b. まさしく）かゆくなった。

④ あのおばあさんは、昔は（a. さぞかし　b. なんと）美人だったことでしょう。

⑤ 今日、外は（a. まして　b. やけに）寒いです。

⑥ 棚(たな)の角に（a. むろん　b. もろに）頭をぶつけてしまった。

練習 II（　　）にはどれが入りますか。一つ選びなさい。

⑦ 試験問題はとても難しく、（　　　）わからなかった。

1　いたって　　2　さぞ　　3　てんで　　4　もろに

⑧ 年をとっても健康(けんこう)でいられるということは（　　　）ですね。

1　とりわけ　　2　なにより　　3　ひたすら　　4　いかにも

▶答えは p.59、正解文の読みは別冊 p.6

p.55 の答え：I－①a　②b　③b　④b　⑤a　⑥b　　II－⑦2　⑧1

副詞をじっくり学習しよう

どうにか最後(さいご)までやろう

学習日　　月　　日(　)

Q. 何と言う？
思っていたことが
予想通りの結果に
なる様子
あいにく
現に
案の定
ぼくはかろうじて
N2に受(う)かった
レベルだから、
この問題はわからない。

おぼえよう

あいにく	あいにく留守にしています。	Unfortunately he is out. Thật không may là anh ta đi vắng.
案の定(あんじょう)	ダメだと思っていた。案の定不合格だった。	I thought I would fail, and sure enough I did. Tôi đã nghĩ là thua rồi và đúng như dự đoán tôi không đậu.
敢(あ)えて	負けるとわかっていたが、敢えて挑戦(ちょうせん)した。	I knew I would lose but I tried anyway. Tôi biết là sẽ thua nhưng dù gì tôi cũng đã dám thử sức mình.
強(し)いて (☞p.18 強いる)	強いて(=無理に)やめろとは言わない。	I won't force you to stop.　Tôi không bắt ép cậu từ bỏ.
	強いて言えば、こっちのほうがましだ。	If I were to compare them, this one is better. Nếu buộc phải chọn thì cái này được hơn.
自(おの)ずから 自(おの)ずと	努力すれば自ずから道は開(ひら)ける。	If you work hard, opportunities will arise. Cứ nỗ lực rồi thì cơ hội sẽ đến.
自(みずか)ら	自ら進んで勉強する	study of one's own initiative Tự chủ động trong việc học
とかく	寒くなると、とかく遅刻者が多くなる。	More people tend to come late as it gets colder. Khi trời lạnh thì số người đi trễ có khuynh hướng tăng.
なるたけ	なるたけ(=なるべく)早く来てください。	Please come as soon as possible. Hãy cố gắng đến càng sớm càng tốt.
努(つと)めて	努めて(=できるだけ)冷静にする	make an effort to compose oneself Ráng giữ bình tĩnh
ひいては	自分のため、ひいては家族全体のために頑張(がんば)ろう。	I'll work hard for the benefit of myself and my family. Hãy cố gắng không chỉ vì bản thân mà còn vì cả gia đình.
もはや	もはや(=もう)彼の回復は望めない。	He no longer has any chance of recovery. Không còn hy vọng gì vào sự hồi phục của anh ta nữa.
かえって	近道したら、かえって時間がかかった。	We took a shortcut but it actually took us more time. Đi đường tắt ai dè lại mất thời gian hơn.
とりあえず	とりあえず何(なに)か食べよう。	Let's eat first. Đầu tiên ăn gì cái đã.
かろうじて	かろうじて最終電車に間に合った。	I barely made the last train.　Vất vả đủ đường cuối cùng cũng kịp chuyến xe điện cuối.
ことごとく	私の案(あん)はことごとく却下(きゃっか)された。	All my proposals were rejected. Toàn bộ đề xuất của tôi đã bị bác bỏ.
ふんだんに	イチゴをふんだんに使ったケーキ	a cake with plenty of strawberries in it Bánh ngọt đầy ắp dâu tây
幸(さいわ)い(に)	事故(じこ)にあったが、幸いけがはなかった。	I was in an accident but luckily I was not injured. Gặp tai nạn nhưng may mắn không bị thương.
	お返事をいただければ幸いです。	I will look forward to your reply. Tôi sẽ rất vui nếu nhận được hồi âm của anh.
現(げん)に	現に(=実際に)、私はそれを見た。	I actually saw it. Thực tế thì tôi đã nhìn thấy việc đó.

いずれも いずれにしても いずれにせよ	いずれにしても、高くて買えない。	It is too expensive for me to buy anyway. Dù gì đi nữa thì mắc quá tôi không thể mua được.
	➲いずれ(=そのうち)また来ます。	I will come again soon. Mốt tôi lại đến chơi nữa.
仮(かり)に	仮に試験に落ちたら、どうしますか。	Suppose you fail the exam. What will you do then? Ví dụ lỡ rớt kỳ thi thì anh tính sao?
ひょっとすると ひょっとして	ひょっとすると彼の話はうそかもしれない。	His story may possibly be a lie. Biết đâu có thể anh ta nói dối.
もしかして もしかすると	もしかして、あなたは、田中(たなか)さん？	Are you Mr.Tanaka, by any chance? Hình như anh là Tanaka phải không?
どうにか (=何とか)	どうにかあの会社に就職(しゅうしょく)したい。	I somehow or other want to get a job at that company. Không biết sao nhưng tôi rất muốn làm việc tại công ty đó.
	どうにか大学は卒業した。	I somehow graduated from university. Cuối cùng tôi cũng xoay xở tốt nghiệp được đại học.
	どうにかなるだろう。	I'll manage. Rồi cũng sắp xếp được mà.
どうやら	どうやら(=おそらく)彼が優勝しそうだ。	It is likely that he will win the competition. Có lẽ anh ta sẽ đạt chức vô địch.
	どうやら(=どうにか)間に合った。	I just made it. Xem ra vừa kịp lúc.

練習 I 正しいほうに○を付けなさい。

① 夫婦円満だと思っていたのに、(a. どうにか　b. どうやら) 彼らは離婚(りこん)したらしい。

② (a. 仮(かり)に　b. 現(げん)に) 手術したとしても、彼(かれ)は助からなかっただろう。

③ あれ、おかしい。(a. ひょっとすると　b. あえて) 道を間違えたかもしれない。

④ チームは (a. なるたけ　b. かろうじて) 予選を勝ち抜いた。

⑤ お客様には (a. つとめて　b. しいて) 笑顔で接してください。

⑥ 申(もう)し訳(わけ)ありません。その本は (a. もしかして　b. あいにく) 在庫を切らしております。

練習 II (　　) にはどれが入りますか。一つ選びなさい。

⑦ これは、季節(きせつ)の野菜を (　　) 使った料理です。

1　おのずから　　2　ことごとく　　3　ふんだんに　　4　とかく

⑧ いくつも提案(ていあん)したが、私の案(あん)は (　　) 受け入れられなかった。

1　ことごとく　　2　ひょっとして　　3　ひいては　　4　かりに

▶答えは p.61、正解文の読みは別冊 p.6 ～ 7

p.57 の答え：I − ①a　②a　③a　④a　⑤b　⑥b　II −⑦3　⑧2

第3週
7日目

副詞をじっくり学習しよう

復習＋もっと

学習日
月　日(　)

Q. 説明に最も合う言葉を、a・b・c　から一つ選びなさい。（答えは p.64）

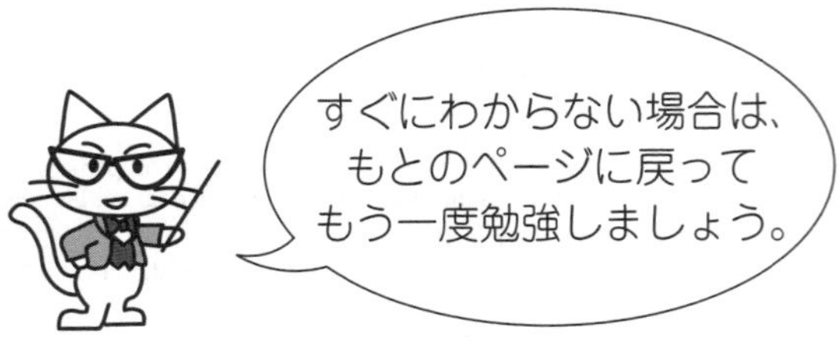

すぐにわからない場合は、
もとのページに戻って
もう一度勉強しましょう。

適当に答えようっと！
君はいつも
いいかげんだな～

1日目

▶p.48,49

1．衣服(いふく)などが大きすぎて、体に合っていない様子

a　だらだら　　b　ずるずる　　c　だぶだぶ

2．やっと基準(きじゅん)に達(たっ)するか達しないかの程度(ていど)にとどまる様子

a　そこそこ　　b　さんざん　　c　むちゃくちゃ

2日目

▶p.50,51

1．相手(あいて)に対して必要以上に頭を下げて謝(あやま)ったり、気に入られようとする

a　はらはらする　　b　ぺこぺこする　　c　ぴんぴんする

2．仕事や勉強などが次々と順序(じゅんじょ)良く進む様子

a　転々と(てんてん)　　b　長々と(ながなが)　　c　着々と(ちゃくちゃく)

3日目

▶p.52,53

1．不快(ふかい)に思うほどに、ひどく湿(しめ)った様子

a　しっとり　　b　じっとり　　c　じっくり

2．顔や体などが、何かの原因で急にやせて衰(おとろ)える

a　げっそりする　　b　ぐっしょりする　　c　がっしりする

4日目

▶p.54,55

1．心構(こころがま)えや準備ができないほどのごくわずかな時間という意味

a　さなかに　　b　とっさに　　c　いまに

2．すべてという意味。後ろに「〜ない」を伴(ともな)って全然という意味

a　いっさい　　b　いっこうに　　c　とうてい

5日目

▶p.56,57

1．その程度(ていど)なら、問題にするほどの価値(かち)がないという意味

a　いやに　　b　まことに　　c　たかが

2．後ろに「〜ない」や否定的(ひていてき)な語が来て、まったくという意味

a　てんで　　b　なんと　　c　さぞ

6日目

▶p.58,59

1．どれを選んでも結果は変わらないという時に使う

a　おのずから　　b　いずれにせよ　　c　かえって

2．過去と違って、今となっては、すでに、という意味

a　もはや　　b　とかく　　c　どうにか

もっと覚えよう　＊程度を表す副詞＊

たいそう	父はたいそう喜んでいました。	My father was very happy. Cha đã rất vui mừng.
ごく	ごく親しい人だけに知らせた。	I informed only my close friends. Tôi chỉ nói với những người rất thân của tôi.
わずか	わずか1秒の差で負けた。	I lost by just one second. Tôi đã thua chỉ với khác biệt 1 giây.
ぐんと	前よりぐんとよくなった。	It is much better than before. Tốt hơn nhiều so với trước đây.
じわじわ	環境(かんきょう)破壊(はかい)がじわじわ進んでいる。	Environmental degradation is slowly getting worse. Sự tàn phá môi trường đang từ từ diễn ra.
断(だん)じて	そんなことを言った覚えは断じてない。	I definitely don't remember saying that. Tôi chắc chắn không nhớ đã nói điều đó.

p.59の答え：Ⅰ－①b　②a　③a　④b　⑤a　⑥b　Ⅱ－⑦3　⑧1

月　日（　）

まとめの問題

制限時間：20分
1問5点×20問
答えはp.64
正解文の読みと解説は別冊p.7～8

点数
／100

問題1　（　）に入れるのに最もよいものを、1・2・3・4から一つ選びなさい。

1 うそをついているのがばれるのではないかと、（　　）した。

1　はらはら　　2　おどおど　　3　むかむか　　4　うんざり

2 父は（　　）医者に忠告されているにもかかわらず、酒をやめようとしない。

1　不意に　　2　とっさに　　3　片時も　　4　再三

3 衝突事故を起こした車は、（　　）つぶれていた。

1　さんざん　　2　ぐちゃぐちゃに　　3　はなはだ　　4　ちょくちょく

4 荷物は、（　　）そこに置いておいてください。

1　とりあえず　　2　もっぱら　　3　ことごとく　　4　しょっちゅう

5 徹夜で作業して、（　　）期限に間に合わせることができた。

1　もしかして　　2　かろうじて　　3　かえって　　4　わざわざ

6 ブランド品と見れば何でも買う彼女には、（　　）愛想が尽きた。

1　むかむか　　2　ひたすら　　3　やたらと　　4　つくづく

7 赤ちゃんの肌は（　　）している。

1　まるまる　　2　ごしごし　　3　つやつや　　4　ぴんぴん

8 彼に注意しなくても、（　　）その間違いに気が付くだろう。

1　案の定　　2　いかにも　　3　おのずと　　4　あえて

9 そろそろ失礼します。（　　）とおじゃましました。

1　点々　　2　転々　　3　着々　　4　長々

10 最近、昼食は（　　）隣のラーメン屋で済ませています。

1　ひたすら　　2　もろに　　3　ひょっとして　　4　もっぱら

問題2　次の言葉の使い方として最もよいものを、１・２・３・４から一つ選びなさい。

11 到底

1　その計画は到底進展するでしょう。

2　そんな自分勝手な要求は、到底受け入れられません。

3　今日は到底暑くないですね。

4　タバコはここでは到底吸わないでください。

12 ぐっしょり

1　傘が無かったので、かばんの中までぐっしょりぬれてしまった。

2　川の水がぐっしょり流れている。

3　今日は一日中、雨がぐっしょり降っていた。

4　湿気が多くて部屋がぐっしょりしている。

13 うんざり

1　その件に関しては、うんざり考えてからお返事いたします。

2　最近のテレビは同じような番組ばかりで、うんざりだ。

3　彼女は風邪で熱があるのか、力なくうんざりと寝ていた。

4　あなたの言うことは、うんざりわかりません。

14 ことごとく

1　新型ロケットの打ち上げは、ことごとく失敗してしまった。

2　私は、お酒ではことごとくワインが好きです。

3　駅までことごとく走り続けて、電車に間に合った。

4　ことごとくできない問題を解いた。

15 とりわけ

1　料理の前に、とりわけビールを２本お願いします。

2　休みの日は、とりわけ家でごろごろしています。

3　遠いところをとりわけお越しいただき、どうもありがとうございます。

4　私は、甘いものの中でもとりわけショートケーキが好きです。

問題3 ＿＿＿の言葉に意味が最も近いものを、１・２・３・４から一つ選びなさい。

16 花は何でも好きですが、特にバラが好きです。

1 ことに　2 もろに　3 さぞ　4 さも

17 あの先生の哲学の講義は、私にはまったく理解できなかった。

1 あいにく　2 何より　3 さほど　4 まるっきり

18 参加ご希望の方は、前もって申込書を提出しておいてください。

1 いまさら　2 かつて　3 あらかじめ　4 とっさに

19 彼は、たびたび遅刻します。

1 いまだに　2 しょっちゅう　3 時折　4 片時も

20 横柄（おうへい）な店員の態度に腹が立った。

1 むかむかした　2 はらはらした　3 くよくよした　4 おどおどした

復習（p.60～61）の答え：
1日目 1. c 2. a　2日目 1. b 2. c　3日目 1. b 2. a
4日目 1. b 2. a　5日目 1. c 2. a　6日目 1. b 2. a

まとめの問題（p.62～64）の答え：
問題1 1 1　2 4　3 2　4 1　5 2　6 4　7 3　8 3　9 4　10 4
問題2 11 2　12 1　13 2　14 1　15 4
問題3 16 1　17 4　18 3　19 2　20 1

第4週

初級漢字の語彙を覚えよう

初級漢字の語彙を覚えよう

手分け(てわ)・同い年(おなどし)・心地(ここち)

学習日　　月　　日(　)

Q.(　)に入るのは？
留学の(　　　)は
整(ととの)っています。
手はず
手がかり
手引き
「準備」という意味は
わかるけれど、これは難しい。
ぼくにはお手上げ(てあ)だ。

おぼえよう 「手・同・心・分」を使った言葉

手	手口(てぐち)	犯行の手口	way of committing a crime Thủ đoạn gây án
	手本(てほん)	習字の手本	calligraphy examples to practice Sách mẫu để luyện tập viết thư pháp
	手軽(てがる)(な)	手軽な料理	quick and easy recipes Món ăn dễ nấu
	手近(てぢか)(な)	手近な材料で作る	cook with usual ingredients Làm từ những nguyên liệu dễ mua
	手(て)ごろ(な)	手ごろな値段	affordable price Giá cả phải chăng
	手引(てび)き	海外旅行の手引き	foreign guidebook Hướng dẫn du lịch nước ngoài
	手元(てもと)	それは、今、手元にない。	I do not have it at the moment. Hiện giờ tôi không có nó trong tay.
	手分(てわ)け(する)	手分けして探す	spread out and search Chia nhau ra tìm kiếm
	お手上(てあ)げ	こんなに景気が悪いとお手上げだ。	I feel like giving up because the economy is so bad. Tình hình kinh tế khó khăn như vầy thì đành đầu hàng thôi.
	手中(しゅちゅう)	勝利を手中にする	have victory in one's grasp Chiến thắng nằm trong tầm tay
	先手(せんて)	先手を打つ	forestall the enemy in the game Chặn trước/ Lường trước
	右手(みぎて)(↔左手(ひだりて))	右手の建物をごらんください。	Please take a look at the building on your right-hand side. Hãy nhìn tòa nhà ở phía tay phải.
	入手(にゅうしゅ)(する)	情報を入手する	obtain the information Nắm được thông tin
	手(て)はず	手はずを整(ととの)える	make arrangements Mọi sắp xếp / chuẩn bị đã sẵn sàng
	手(て)がかり	事件の手がかり	a clue for the case Manh mối của vụ án
同	同上(どうじょう)	同上の理由により…… ＊上に書いたことと同じという意味	due to the same reasons as above Do lý do giống như trên…
	同一(どういつ)	同一にみる　consider as the same / Nhìn như nhau	同一人物　same person / Cùng một người
	同意(どうい)	同意を求める	seek agreement Yêu cầu sự đồng ý
	同(おな)い年(どし)	彼と私は同い年だ。	I am the same age as he is. Anh ta cùng tuổi với tôi.　＊言い方に注意
	同期(どうき)	彼は大学の同期生だ。	He's a college classmate. Anh ấy là bạn cùng lớp đại học.
	同調(どうちょう)	彼の提案に同調する。	I concur with his suggestion. Tôi đồng cảm với đề xuất của anh ấy.

心	心当たり こころあ	その件については、心当たりがない。 けん	I have no idea what the case is about. Tôi không biết chút gì về vụ việc đó.		
	下心 したごころ	下心がある	have some secret intention Có mục đích ngấm ngầm		
	野心 やしん	野心がある	have some ambition Có tham vọng		
	心地 ここち	住み心地がいい ごこち	be a comfortable place to live Dễ sống, thoải mái		
	内心 ないしん	内心、穏やかではない おだ	be feeling uneasy Trong lòng thấy không yên		
	心中 しんちゅう	心中を察する	feel for ... Đoán được tâm trạng/Hình dung được tâm trạng		
	心中（する） しんじゅう	心中を図る	attempt suicide with his lover Lên kế hoạch tự sát cùng nhau		
	心遣い こころづか	親切な心遣い	kind consideration Sự quan tâm, chu đáo		
分	塩分 えんぶん	塩分を控える ひか	reduce one's salt intake Giảm lượng muối	➡水分 すいぶん	liquids Nước (nói chung)
	分別（する） ぶんべつ	ゴミの分別	sorting of garbage Phân loại rác		
	分別 ふんべつ	分別のある人	sensible person Người có óc xét đoán		
	分野 ぶんや	専門分野	area of specialty Lĩnh vực chuyên môn		

練習 I 正しいほうに○を付けなさい。

① 息子もそのうち、物事の良し悪しの（a. 分別（ふんべつ）　b. 分野（ぶんや））がつくようになるだろう。

② 田中（たなか）さんの意見に全員が（a. 同上　b. 同意）した。

③ 彼は平気な顔をしているが、（a. 内心　b. 心地）は穏（おだ）やかではない。

④ これは、オークションで（a. 手中　b. 入手）した中古の冷蔵庫です。

⑤ この掃除機は小さくて軽いので、（a. 手ごろ　b. 手軽）に持ち運べる。

⑥ このメールの差出人には（a. 心当たり　b. 手がかり）がありません。

練習 II（　　）にはどれが入りますか。一つ選びなさい。

⑦ 家族で（　　　）して、家中の掃除をした。

1　手引き　　2　手分け　　3　手上げ　　4　手はず

⑧ 給料をもらっても、支払いが多くて、（　　　）にはいくらも残らない。

1　手口　　2　手近　　3　手元　　4　手中

▶答えは p.69、正解文の読みは別冊 p.8

気長(きなが)・下火(したび)・上の空(うわそら)

学習日　月　日（　）

Q.（　）に入るのは？
インフルエンザは
今月に入って少し
（　　）になった。
下回り
したまわ
下火
したび
下地
したじ
上の空で話を
うわ そら
聞いてない

おぼえよう 「気・上・下・回・出」を使った言葉

気	水気（みずけ）	水気(＝水分)を切る	remove the moisture Loại bỏ hơi nước		
	人気（ひとけ）	人気のない通り	a deserted street Con đường vắng không có bóng người qua lại		
	寒気（さむけ）	寒気がする	feel a chill Thấy ớn lạnh		
	気心（きごころ）	気心が知れる	be a close friend Thân thiết, hiểu ý		
	正気（しょうき）	正気になる	regain consciousness Trở nên sáng suốt		
	気合（きあい）	気合を入れる	be fired up for Dốc toàn lực, quyết tâm		
	気長（きなが）	気長に待つ	wait patiently Nhẫn nại chờ		
上	上向く（うわむ）	景気が上向く	the economy is improving Nền kinh tế đang tiến triển tốt		
	上回る（うわまわ）	出生率が予想を上回る	the birth rate exceeds the expected rate Tỷ lệ sinh tăng so với dự đoán	↔下回る（したまわ）	fall short Giảm
	上の空（うわそら）	彼は上の空で、話を聞いていなかった。	He was absent-minded and was not listening at all. Anh ta lơ đãng và không lắng nghe.		
	上書き（うわが）(する)	データを上書きして保存(ほぞん)する	save it over the old data Lưu đè lên dữ liệu (cũ)		
下	下味（したあじ）	塩こしょうで下味をつける	flavor it with salt and pepper before cooking Ướp bằng muối và tiêu		
	下地（したじ）	化粧(けしょう)の下地クリーム	makeup base cream Kem nền trang điểm		
		彼は語学の下地がある。	He has a good grounding in the language. Anh ta có năng khiếu về ngôn ngữ.		
	下火（したび）	インフルエンザの流行が下火になってきた。	The flu epidemic has calmed down. Dịch cúm đang hạ nhiệt.		
回	回送（かいそう）(する)	バスが車庫に回送される	out-of-service bus returns to the depot Xe buýt hết chuyến chạy ngược về bến.	回送列車	out-of-service train Tàu ngừng phục vụ khách
	回答（かいとう）(する)	アンケートに回答する	fill out the questionnaire Trả lời bảng khảo sát	➲問題に解答(かいとう)する	answer the question Trả lời câu hỏi
	回り道（まわりみち）(する)	回り道をする	make a detour Đi đường vòng		
	遠回り（とおまわ）(する)	工事のせいで、遠回りした。	I had to make a detour because of the road construction. Tôi phải đi đường vòng vì có công trường.		
	後回し（あとまわ）	食事は後回しにしよう。	Let's put eating off until later. Để lát nữa ăn sau.		

出	出品（しゅっぴん）(する)	展覧会（てんらんかい）に出品する	send some works to the art exhibition Gửi tác phẩm tham gia vào triển lãm		
	家出（いえで）(する)	家出する	run away from home Bỏ nhà đi		
	出産（しゅっさん）(する)	出産する	give birth to a baby Sinh em bé		
	出生（しゅっせい/しゅっしょう）(する)	出生地	place of birth Nơi sinh		
		出生率	birth rate Tỉ lệ sinh		
	出題（しゅつだい）(する)	出題範囲（はんい）	sections that will be tested Phạm vi ra đề		
	出動（しゅつどう）(する)	軍隊（ぐんたい）が出動する	dispatch the armed forces Xuất binh		
	出社（しゅっしゃ）(する)	出社する(＝出勤（しゅっきん）する)	go to the office Đến chỗ làm	↔退社（たいしゃ）(する)	leave the office Rời khỏi chỗ làm
	出世（しゅっせ）(する)	彼は順調に出世した。	He rose in the company without much problem. Anh ta thăng tiến thuận lợi.		

練習 I 正しいほうに○を付けなさい。

① 彼は面倒なことはいつも（a. 回り道　b. 後回し）にする。

② 彼の（a. 出生　b. 出産）地は、青森（あおもり）です。

③ 息子はゲームに熱中していて、話しかけても（a. 上の空　b. 遠回り）だ。

④ 火事が発生して、消防車が（a. 出動　b. 出勤）した。

⑤ しょうゆで（a. 下地　b. 下味）をつけておいたので、焼くだけですぐ食べられます。

⑥（a. 水気　b. 人気）のない公園（こうえん）で火事が起こった。

練習 II（　　）にはどれが入りますか。一つ選びなさい。

⑦ 問い合わせに対する（　　　）がやっと届（とど）いた。

1　回答　　2　出題　　3　回送　　4　上書き

⑧ さあ、（　　　）を入れてがんばろう！

1　気心　　2　気合　　3　気長　　4　正気

▶答えは p.71、正解文の読みは別冊 p. 8

p.67 の答え：I－①a　②b　③a　④b　⑤b　⑥a　　II－⑦2　⑧3

目下(もっか)・大家(たいか)・万人(ばんにん)

学習日　月　日(　)

Q.(　)に入るのは？
(　　)、失業中なので、家計が苦しい。

目先 めさき
目方 めかた
目下 もっか
「現在」「今のところ」という意味です。
読み方に注意してください。

おぼえよう 「目・明・家・人・進・先」を使った言葉

目	目方(めかた)	目方(=重さ(おも)、体重(たいじゅう))を量る	weigh Đo trọng lượng / cân nặng
	目下(もっか)	目下、失業中である。	I am currently unemployed. Hiện tại, tôi đang thất nghiệp.
		➔ 目下(めした)の人	a subordinate Cấp dưới
	切れ目(きれめ)	肉に切れ目を入れる	score the meat Khứa thịt
		文章の切れ目(=区切り(くぎり))	the end of a sentence Kết đoạn văn/ Phân đoạn
	目先(めさき)	目先の利益(りえき)を追う	try to gain an immediate profit Chạy theo lợi nhuận trước mắt
	大目(おおめ)	大目に見る	overlook Khoan dung (Không soi mói)
明	明白(めいはく)(な)	明白な証拠(しょうこ)	clear evidence Bằng chứng rõ ràng
	声明(せいめい)	声明を発表する	make a statement Tuyên bố
	夜明け(よあけ)	夜明け(=明け方(あけがた))まで仕事をする	work until dawn Làm đến rạng sáng
		宇宙時代の夜明け	dawn of the space era Buổi bình minh của vũ trụ
	文明(ぶんめい)	古代文明	ancient civilization Văn minh cổ đại
	明かす(あかす)	秘密(ひみつ)を明かす	confide a secret Hé lộ bí mật
		一夜を明かす	stay up all night Thức cả đêm
家	家計(かけい)	家計が苦しい	have trouble making ends meet financially Kinh tế gia đình chật vật
	家業(かぎょう)	家業を継(つ)ぐ	take over the family business Nối nghiệp gia đình
	家主(やぬし)	(=貸家の所有者　=大家(おおや))	a landlord　Chủ nhà
		(=一家の主人)	the head of a family　Chủ gia đình
	家来(けらい)	家来とその主人	a servant and his master Gia nhân và chủ nhân của mình
	大家(たいか)	絵の大家	a master painter Đại danh họa
人	社会人(しゃかいじん)	社会人になる	become a member of society Trở thành người lớn (người đi làm, góp phần vào xây dựng xã hội)
	万人(ばんにん)	万人向けの製品	a product that appeals to most people Sản phẩm dành cho tất cả mọi người
	人目(ひとめ)	人目につく	stand out Thu hút sự chú ý/ nổi bật
	住人(じゅうにん)	アパートの住人	resident of an apartment Người sống trong căn hộ

進	進行(する) しんこう	調査が順調に進行している。	There is progress in the investigation. Cuộc điều tra đang tiến triển thuận lợi
	進出(する) しんしゅつ	海外に進出する	advance into foreign markets Đầu tư ra nước ngoài
	進度 しんど	学習の進度	progress in one's studies Tiến độ học tập
	行進(する) こうしん	大通りを行進する	march on the main street Diễu hành trên đường lớn
先	先頭 せんとう	先頭に立つ	stand at the front of the line Đứng ở hàng đầu
	先行(する) せんこう	時代に先行する	be ahead of the times Đi trước thời đại
		先行発売	a pre-release sale Bán trước thời điểm phát hành chính thức
	先着 せんちゃく	先着 10 名様限り	only the first 10 people who arrive Giới hạn cho 10 khách đến trước
	先方 せんぽう	先方(=相手)の意見を聞く	listen to the other party's opinion Lắng nghe ý kiến của đối phương

練習 I 正しいほうに○を付けなさい。

① 日本では、少子高齢化が（a. 行進　b. 進行）している。

② （a. 万人(ばんにん)　b. 社会人）の共通の願いは、健康(けんこう)であることだ。

③ 政府が緊急(きんきゅう)（a. 進出　b. 声明）を発表した。

④ 車の中だと、（a. 人目　b. 大目）を気にせず大声で歌を歌える。

⑤ その件に関しては、（a. 目下　b. 目先）検討(けんとう)しているところです。

⑥ 私が（a. 先方　b. 先頭）に立って改革を成しとげるつもりです。

練習 II （　　）にはどれが入りますか。一つ選びなさい。

⑦ 住宅ローンが我が家(わがや)の（　　　）を圧迫(あっぱく)している。

1　家業　　2　家計　　3　先方　　4　住人

⑧ あの俳優(はいゆう)は、実力より人気が（　　　）しているね。

1　先行　　2　先着　　3　進行　　4　進出

▶答えは p.73、正解文の読みは別冊 p.8

p.69 の答え：I ー ①b　②a　③a　④a　⑤b　⑥b　　II ー ⑦1　⑧2

初級漢字の語彙を覚えよう

意図（いと）・終日（しゅうじつ）・小売り（こうり）

学習日　　月　　日(　)

Q.（　）に入るのは？
最初に（　　　）したことと違う結果になった。
意地
意図
意思
わからない…
日ごろ勉強をしてないからなあ…
試験の見通しは暗いかも…

おぼえよう 「意・見・着・日・体・自・売・間」を使った言葉

	語彙	例	意味	関連	
意	意向（いこう）	先方の意向を聞く	listen to what the other party intends to do Lắng nghe ý muốn của đối phương		
	意思（いし）	意思表示	an expression of one's intentions Bộc lộ ý định	➡意志が固い（かた）	strong-willed Ý chí vững vàng
	意地（いじ）	意地を張る（は）	be stubborn Bướng bỉnh, kiên quyết	➡意地っ張り（いじっぱ）(N)	stubborn person Người có tính bướng bỉnh
	意図（いと）(する)	早期解散を意図する	plan to dissolve parliament earlier than expected Dự tính sẽ giải tán sớm		
		意図的に（てき）	intentionally Cố tình		
見	見地（けんち）	医学的見地から反対する	object from a medical view of point Phản đối từ quan điểm y học		
	会見（かいけん）(する)	記者会見	press conference Buổi họp báo		
	見通し（みとお）	見通しの悪い道路	a street with poor visibility Con đường khuất tầm nhìn		
		来年度の見通し	the forecast for next year Dự đoán cho năm sau	➡見通す（みとお）(V)	
	見下す（みくだ）	人を見下す	look down on someone Xem thường người khác		*読み方に注意
	見下ろす（みお）	ビルの屋上から見下ろす	look down from the top of a building Nhìn xuống từ sân thượng của tòa nhà		
	見合わせる（みあ）	顔を見合わせる	exchange glances Nhìn nhau		
		出発を見合わせる	postpone one's departure Hoãn xuất phát		
着	着手（ちゃくしゅ）(する)	新しい事業に着手する	launch a new business Bắt tay vào công việc mới		
	着色（ちゃくしょく）(する)	着色料を使用する	use coloring Dùng chất nhuộm màu		
	着目（ちゃくもく）(する)	子どもの個性に着目する	focus on a child's originality Chú ý đến cá tính của trẻ		
	着工（ちゃっこう）(する)	新ビルは来月着工する。	The construction of the new building will start next month. Khởi công xây dựng tòa nhà mới vào tháng tới.		
日	日中（にっちゅう）	日中は家にいない。	No one is home during the day. Tôi không ở nhà vào ban ngày.		
	日夜（にちや）	日夜(＝昼も夜も)勉強する	study day and night Học ngày học đêm		
	日々（ひび）	日々の暮らしに困る	struggle with everyday life Cuộc sống hằng ngày khá chật vật		
	日ごろ（ひ）	日ごろの行い	everyday conduct Cư xử hằng ngày		
	終日（しゅうじつ）	終日(＝一日中)パソコンに向かう	work on the computer all day long Làm việc trên máy tính cả ngày		

体	物体（ぶったい）	なぞの物体	a mysterious object Vật thể bí ẩn
	立体（りったい）	立体的な絵	a three-dimensional painting Tranh 3D　↔平面（へいめん）的な
	正体（しょうたい）	正体を現す	reveal one's true self Thể hiện rõ con người thật
自	自立（じりつ）(する)	女性の自立	women's independence Sự tự lập của phụ nữ
	自主（じしゅ）	自主的（てき）にトレーニングする(=自主トレする)	train of one's own free will Tập luyện tự chủ
	自首（じしゅ）(する)	警察に自首する	turn oneself in to the police Đầu thú với cảnh sát
売	小売（こう）り(する)	これは小売りで5千円だ。	This retails for five thousand yen. Cái này bán lẻ là 5 ngàn yên.
	前売（まえう）り(する)	映画の前売り券を買う	book a movie ticket Mua vé xem phim bán trước
	売買（ばいばい）(する)	株（かぶ）を売買する	trade stocks Mua bán cổ phiếu
間	合間（あいま）	仕事の合間	free time (from one's work) Khoảng thời gian nghỉ giữa giờ
	空間（くうかん）	狭い空間を利用する	use a small space Tận dụng không gian hẹp
	民間（みんかん）	民間企業（きぎょう）	a private enterprise Công ty tư nhân

練習 I 正しいほうに○を付けなさい。

① 嵐（あらし）のため、電車のダイヤが（a. 日々　b. 終日）乱れた。

② これは、業者向けなので（a. 前売り　b. 小売り）はしません。

③ こうなったら（a. 意地　b. 意思）でも完成させてみせよう。

④ 仕事の（a. 空間　b. 合間）に、お気に入りのコーヒーショップに立ち寄った。

⑤ 大雪なので、外出するのを（a. 見合わせた　b. 見通した）。

⑥ 彼は、いまだに親から（a. 自主　b. 自立）できていない。

練習 II（　　）にはどれが入りますか。一つ選びなさい。

⑦ 湖で、（　　　）不明の生物が目撃（もくげき）された。

1　物体　　2　意図　　3　正体　　4　見通し

⑧ 警察は、その事件の捜査に（　　　）した。

1　着工　　2　自主　　3　会見　　4　着手

▶答えは p.75、正解文の読みは別冊 p.8

p.71 の答え：I－①b　②a　③b　④a　⑤a　⑥b　　II－⑦2　⑧1

初級漢字の語彙を覚えよう

世代（せだい）・本場（ほんば）・作用（さよう）

学習日
月　日(　)

Q.(　)に入るのは？
このビルの(　　)者は
だれですか。
所有 しょゆう
生産 せいさん
代理 だいり
「オーナー」っていう
意味はわかるんだけど…

おぼえよう　「産・不・特・代・場・事・主・生・用・所」を使った言葉

産	産地（さんち）	リンゴの産地	an apple producing area Vùng trồng táo		
	産出（さんしゅつ）(する)	石油産出国	a petroleum producing country Đất nước sản xuất dầu mỏ		
	国産（こくさん）	国産車	a domestic car Xe hơi nội địa	国産品	a domestic product Sản phẩm nội địa
	生産（せいさん）(する)	大量に生産する	produce in large quantities Sản xuất số lượng lớn		
	名産（めいさん）	この地方の名産品	noted product of this district Đặc sản của vùng này		
不	不正（ふせい）(な)	不正な取り引き	illegal dealing Giao dịch bất chính		
	不通（ふつう）	音信不通	hearing nothing from someone Bặt vô âm tín		
	不明（ふめい）	行方不明	missing Mất tích		
	不良（ふりょう）	不良少年	a delinquent boy Thằng bé hư hỏng	不良品	inferior goods Sản phẩm lỗi
特	特色（とくしょく）	特色を出す	reveal the characteristics Thể hiện nét đặc trưng		
	特産（とくさん）	この地方の特産物(=名産（めいさん）)	a special product from this district Đặc sản của vùng này		
	特集（とくしゅう）	特集記事	a special feature article Chuyên mục đặc biệt		
	特有（とくゆう）	この地方特有の習慣	customs peculiar to this district Phong tục đặc biệt chỉ có tại vùng này		
代	世代（せだい）	世代交代	change of generations Chuyển giao thế hệ	三世代	three generations Ba thế hệ
	代理（だいり）	社長の代理をする	fill in for the president Đại diện thay giám đốc		
	代用（だいよう）(する)	クッションを枕（まくら）に代用する	substitute a cushion for a pillow Dùng nệm lót thay cho gối		
場	本場（ほんば）	イタリア料理を本場で学ぶ	study Italian cooking at its origin Học nấu món Ý ngay tại nơi bản địa		
	市場（しじょう）	金融（きんゆう）市場	the financial market Thị trường tài chính	➔魚市場（うおいちば）	the fish market Chợ cá
	立場（たちば）	苦しい立場	a difficult situation Tình huống khó khăn		
事	行事（ぎょうじ）	学校行事に参加する	attend school events Tham gia sự kiện tại trường học		
	人事（じんじ）	人事課	the personnel section Ban nhân sự		
	事前（じぜん）	事前に調べる	examine beforehand Tìm hiểu trước		

主	主食（しゅしょく）	主食と副食	staple foods and side dishes Thực phẩm chính và thực phẩm phụ		
	主体（しゅたい）	女性が主体の職場	a company made up mainly of women Nơi làm việc đa phần là nữ		
	主題（しゅだい）	映画の主題歌	the theme song of a movie Bài hát chủ đề phim	＝テーマ	
生	野生（やせい）	野生動物	wild animals Động vật hoang dã		
	生理（せいり）	生理現象	a physiological phenomenon Hiện tượng sinh lý		
	生計（せいけい）	生計を立てる	make a living Kiếm sống		
	生かす（い）	経験を生かす	make use of one's experience Phát huy kinh nghiệm		
用	作用（さよう）（する）	化学作用	a chemical reaction Phản ứng hóa học	副作用	side effects Tác dụng phụ
	用品（ようひん）	スポーツ用品	sporting goods Sản phẩm thể thao	学用品	stationery Đồ dùng học tập
所	所有（しょゆう）（する）	この土地は私が所有している。	I own this land. Tôi sở hữu miếng đất này.		
	長所（ちょうしょ）	長所と短所	merits and demerites Sở trường và sở đoản		

練習 Ⅰ 正しいほうに○を付けなさい。

① 本日の講演の（a. 主体　b. 主題）は、エコロジーです。

② その国は、世界有数の石油（a. 所有　b. 産出）国である。

③ 父の（a. 代用　b. 代理）で市役所に介護保険（かいごほけん）の申請（しんせい）に行った。

④ 京都には、伝統的（でんとうてき）な年中（a. 行事　b. 人事）が多くあります。

⑤ 彼とは大学を卒業して以来、（a. 音信　b. 通信）不通です。

⑥ 会社の繁栄（はんえい）のために、（a. 世代　b. 世間）交代は避（さ）けられないだろう。

練習 Ⅱ （　　）にはどれが入りますか。一つ選びなさい。

⑦ パイナップルは、ハワイの（　　　）物です。

1　特有　　2　特産　　3　産出　　4　特色

⑧ 薬の（　　　）で、髪の毛が抜けてしまった。

1　副作用　　2　不良　　3　生理　　4　特色

▶答えは p.77、正解文の読みは別冊 p.8 ～ 9

p.73 の答え：Ⅰ－①b　②b　③a　④b　⑤a　⑥b　Ⅱ－⑦3　⑧4

学習日 月 日( )

新入り・本音・発足
しんいり・ほんね・ほっそく

Q. 何と言う？
組織(そしき)や団体などが設立されて活動を始めること。

一つ一つの漢字は難しくありませんが、語彙(ごい)になると難しい意味の言葉が多くあります。読み方にも注意しましょう。

おぼえよう 「国・新・土・業・音・発・風・春・台など」を使った言葉

国	国民(こくみん)	国民の義務(ぎむ)	citizen's obligation Nghĩa vụ công dân		
	国家(こっか)	国家試験	a state examination Kỳ thi quốc gia		
	国会(こっかい)	国会を解散する	dissolve the Diet Giải thể quốc hội		
	国有(こくゆう)	国有財産	national property Tài sản thuộc sở hữu quốc gia		
	母国(ぼこく)	母国に帰る	go back to one's home country Trở về đất nước nơi mình sinh ra		
	帰国(きこく)	帰国子女	returnee (school child) Trẻ hồi hương		
	国土(こくど)	国土計画	national land planning Quy hoạch lãnh thổ quốc gia		
新	新入り(しんいり)	新入りの会員	new member Thành viên mới gia nhập		
	新入(しんにゅう)	新入生	new student Học sinh mới	新入社員	new employee Nhân viên mới
	新人(しんじん)	新人歌手	new singer Ca sĩ mới		
土	土台(どだい)	家の土台	the foundation of a house Nền móng nhà		
	土手(どて)	土手を歩く	walk on the river bank Đi dạo trên bờ đê		
	土砂(どしゃ)	土砂崩(くず)れが起きる	a mudslide occurs Xảy ra vụ sạt lở đất		
業	業者(ぎょうしゃ)	旅行業者	travel agent Cơ sở kinh doanh du lịch	輸出業者	exporter Nhà thầu / doanh nghiệp xuất khẩu
	事業(じぎょう)	事業を始める	start a business Bắt đầu kinh doanh	社会事業	social work Công tác xã hội
	分業(ぶんぎょう)(する)	分業で仕事をする	divide the work Phân công công việc		
音	音色(ねいろ)	澄(す)んだ音色	a clear tone Âm sắc trong trẻo		
	本音(ほんね)	本音と建前	private intentions and public statements Thật lòng và xã giao (thảo mai)		
発	発足(ほっそく)(はっそく)(する)	組織(そしき)が発足する	found an organization Lập cơ cấu tổ chức		
	自発(じはつ)	自発的(てき)に勉強する	study on one's own initiative Học chủ động		
風	風習(ふうしゅう)	昔の風習を守る	carry on practicing old customs Giữ gìn phong tục tập quán xưa		
	風土(ふうど)	日本の風土	the Japanese climate Khí hậu thổ nhưỡng Nhật Bản		

春	青春（せいしゅん）	青春時代	young days Thời thanh xuân
	思春期（ししゅんき）	思春期の少年少女	teenagers Thanh thiếu niên tuổi mới lớn / tuổi dậy thì
台	台無し（だいな）	雨で桜（さくら）が台無しになる。	The rain spoils the cherry blossoms. Mưa phá hỏng hoa anh đào
	台本（だいほん）	台本を読む	read the script Đọc kịch bản
その他	強行（きょうこう）（する）	増税を強行する	enforce a tax increase Cưỡng ép tăng thuế
	正味（しょうみ）	正味８時間働く	work a full eight hours Làm việc đúng 8 tiếng (đã trừ giờ giải lao)
	有力（ゆうりょく）（な）	有力な政党	a powerful political party Đảng có quyền lực lớn
	早急（そうきゅう（さっきゅう））（な）	早急に解決する	be settled immediately Giải quyết gấp rút
	思考（しこう）	思考力が低下する	one's ability to think decreases Suy giảm khả năng tư duy
	口頭（こうとう）	口頭で報告する	make an oral report Báo cáo miệng

練習Ⅰ 正しいほうに○を付けなさい。

① 次期社長は田中専務だろうという意見が（a. 正味　b. 有力）だ。

② 川の（a. 土手　b. 土台）に沿（そ）って道路がある。

③ 酒の席で、つい（a. 本音　b. 音色）を打ち明けてしまった。

④ 今年度の（a. 国有　b. 国家）予算は、前年を上回った。

⑤ 新しいプロジェクトを（a. 発足　b. 自発）させた。

⑥ ２週間で 10 ヵ所も回るという無理なスケジュールを（a. 強行　b. 早急）した。

練習Ⅱ（　　）にはどれが入りますか。一つ選びなさい。

⑦ その銀行は、一時（　　　）された。

1　所有化　　2　国有化　　3　母国化　　4　国家化

⑧ その家は、崖（がけ）が崩（くず）れて大量の（　　　）に埋まった。

1　土砂　　2　土台　　3　土手　　4　台本

▶答えは p.79、正解文の読みは別冊 p.9

p.75 の答え：Ⅰ－①b　②b　③b　④a　⑤a　⑥a　　Ⅱ－⑦2　⑧1

初級漢字の語彙を覚えよう

復習＋もっと

学習日　月　日（　）

Q. 説明に最も合う言葉を、a・b・c　から一つ選びなさい。（答えは p.82）

意味だけでなく、読み方も確認しましょう。
「手元」は「てもと」、「手中」は「しゅちゅう」って読むんだよ。

1日目

▶p.66,67

1. 心の奥深(おくふか)くで思っていること、あまりいい意味には使わない

a　心中(しんちゅう)　　b　下心(したごころ)　　c　内心(ないしん)

2. 解決する手段(しゅだん)がまったくなく、どうにもならないこと

a　お手上げ　　b　手がかり　　c　手はず

2日目

▶p.68,69

1. 社会的に高い身分(みぶん)や地位(ちい)を得る

a　出家する　　b　出社する　　c　出世する

2. 他の事に心が奪(うば)われて、その事に注意が向かない状態(じょうたい)のこと

a　上(うわ)の空　　b　上向(うわむ)き　　c　下火(したび)

3日目

▶p.70,71

1. 一定(いってい)の事項(じこう)についての意見や意思(いし)を世間(せけん)に対して発表すること

a　出生　　b　先行　　c　声明

2. 新しい方面や分野(ぶんや)に出て、活動領域(りょういき)を広げる

a　行進する　　b　進出する　　c　進行する

4日目

▶p.72,73

1．事情（じじょう）を考えて、実行（じっこう）をやめて様子を見る

a　見通す（みとおす）　　b　見合わせる（みあわせる）　　c　見下す（みくだす）

2．世間一般の人々で、公（おおやけ）の機関（きかん）に属（ぞく）さない人

a　公務員（こうむいん）　　b　国民　　c　民間人（みんかんじん）

5日目

▶p.74,75

1．ある物事（ものごと）が本式に行われている場所。また盛（さか）んに行われている所

a　本場（ほんば）　　b　生産地　　c　名産地

2．生きてゆくために必要で、すべての人の体に起きる現象（げんしょう）のこと

a　野生現象　　b　生理現象　　c　特有現象　　〈注〉正解以外の言葉は存在しません。

6日目

▶p.76,77

1．その土地や環境（かんきょう）における地理的（ちりてき）な特徴（とくちょう）や性質（せいしつ）のこと

a　風土（ふうど）　　b　国土（こくど）　　c　風習（ふうしゅう）

2．若く元気な時代で、主に青年時代を指す言葉

a　世代　　b　青春　　c　新人

もっと覚えよう　＊初級漢字で書く難しい言葉＊

合意（ごうい）	agreement Thống nhất	合体（がったい）	union Hợp nhất
文言（もんごん）	wording Câu từ	小言（こごと）	nagging Măng mỏ
見聞（けんぶん）	information Hiểu biết, tri thức	見事（みごと）	impressive Tuyệt vời
名声（めいせい）	reputation Danh tiếng	名字（みょうじ）	last name Họ
日当（にっとう）	daily allowance Trợ cấp một ngày	日向（ひなた）	in the sun Chỗ nắng
大半（たいはん）	mostly Số đông	大手（おおて）	major company Chính, lớn

p.77 の答え：Ⅰ－①b　②a　③a　④b　⑤a　⑥a　Ⅱ－⑦2　⑧1

月　日(　)

まとめの問題

制限時間：20分
1問5点×20問
答えはp.82
正解文の読みと解説は別冊p.9

点数　／100

問題1　(　)に入れるのに最もよいものを、1・2・3・4から一つ選びなさい。

1 このバッグは、財布を入れるのに(　　)な大きさだ。

1 心地　2 人気　3 手近　4 手ごろ

2 その会社は、この春、海外に(　　)するらしい。

1 自立　2 先着　3 先行　4 進出

3 彼は、(　　)があって、大金持ちの彼女にアプローチした。

1 心づかい　2 気心　3 内心　4 下心

4 警察は、犯人逮捕の(　　)をつかんだようだ。

1 心当たり　2 手がかり　3 手はず　4 見通し

5 彼は、親に言われたのではなく、(　　)的に留学したいと言った。

1 意地　2 意思　3 自発　4 自首

6 この病気(　　)の症状は、下痢と吐き気です。

1 特色　2 特有　3 主体　4 作用

7 長野県の(　　)はりんごです。

1 産地　2 産出　3 主食　4 名産

8 今度の展覧会には、この絵を(　　)しよう。

1 出品　2 代理　3 出生　4 用品

9 リストラされた彼は、今はコンビニのバイトで(　　)を立てている。

1 主体　2 生産　3 自立　4 生計

10 この地方では、正月に川で泳ぐという(　　)がある。

1 風習　2 意図　3 野心　4 特産

問題2 次の言葉の使い方として最もよいものを、１・２・３・４から一つ選びなさい。

11 下火

1 私は彼に好きだと言いたいが、下火がないのでなかなか言えない。
2 気持ちが下火になったので、落ち着いて試験を受けることができた。
3 貯金の額が下火になったので、不安になってきた。
4 ペットブームが最近下火になってきた。

12 台無し

1 味付けを間違えてしまい、せっかくのシチューが台無しになってしまった。
2 先日買ったDVDプレーヤーは台無しの不良品だった。
3 俳優たちの演技のおかげで、監督は台無しにならなかった。
4 一生懸命勉強した結果が台無しで困った。

13 生かす

1 節約をするのは、生活を生かした方法だ。
2 自分の意見を生かしたので、みんなに嫌われてしまった。
3 この経験を生かして、今後の仕事に役立ててください。
4 事業を生かしたから、彼が首になるはずはない。

14 目方

1 彼の目方が不明なので、連絡することはできない。
2 人気歌手が人の目方を避けて裏口から帰っていった。
3 今後の政局がどうなるか、目方が付かない状況だ。
4 容器は商品の目方に含まれていません。

15 小売り

1 これは原価は安いのに、小売り価格があまりに高い。
2 コンサートの小売り券を購入した。
3 無理な小売りで、もうけがなくなった。
4 新築の小売り住宅を購入した。

問題3 ＿＿＿の言葉に意味が最も近いものを、1・2・3・4から一つ選びなさい。

16 彼は、ある現象に<u>注意を向けて</u>、新しい発見をした。

1 着目して　2 着手して　3 見合わせて　4 会見して

17 彼が来たら、すぐ出発できる<u>準備</u>は整っている。

1 手はず　2 手引き　3 先手　4 手がかり

18 事故の影響で、バスのダイヤは<u>一日中</u>乱れた。

1 日々　2 日中　3 終日　4 日夜

19 <u>その場</u>のもうけに目がくらんで株を売ってしまい、後でたいへん後悔した。

1 人目　2 目先　3 目下　4 事前

20 学問でもスポーツでも<u>基礎</u>が大事だ。

1 主体　2 本場　3 本音　4 土台

復習（p.78～79）の答え：
1日目 1. b 2. a　2日目 1. c 2. a　3日目 1. c 2. b
4日目 1. b 2. c　5日目 1. a 2. b　6日目 1. a 2. b

まとめの問題（p.80～82）の答え：
問題1 1 4　2 4　3 4　4 2　5 3　6 2　7 4　8 1　9 4　10 1
問題2 11 4　12 1　13 3　14 4　15 1
問題3 16 1　17 1　18 3　19 2　20 4

第5週

中級漢字の語彙を覚えよう

ちゅうきゅう　ごい　おぼ

中級漢字の語彙を覚えよう

身近（みぢか）・日取り（ひど）・前置き（まえお）

学習日 月 日( )

Q.（ ）に入るのは？
（ ）だけで
葬式（そうしき）※を済ませた。

身元（みもと）
身内（みうち）
身の上（みのうえ）
家族や親せき（しん）のことですね。
「身」を使った言葉は
「身の回り」「身近な」など
たくさんありますね。

※葬式 a funeral tang lễ, đám tang

おぼえよう 「当・身・取・根・向・前」を使った言葉

当	当日（とうじつ）	試験の当日	the very day of the exam Ngày (diễn ra) kỳ thi	
	当番（とうばん）	掃除当番	one's turn for cleaning Trực quét dọn	
	当人（とうにん）	当人に確認する	check with the very person Xác nhận với đương sự	
	当選（とうせん）(する)	選挙（せんきょ）で当選する	be elected in a public election Trúng cử/ Đắc cử	↔落選（らくせん）(する)
	見当（けんとう）	見当をつける	guess Đoán/Ước tính	
	正当（せいとう）(な)	正当な理由	a proper reason Lý do chính đáng	➔正当化（せいとうか） justification Hợp lý hóa
身	身の上（みのうえ）	身の上相談	consultation about one's personal affairs Tư vấn về chuyện riêng tư	
	身の回り（みのまわり）	身の回りのもの	one's personal belongings Vật dụng cá nhân	
	身軽（みがる）(な)	身軽な格好	lightweight clothing Phong cách đơn giản nhẹ nhàng	
	身動き（みうごき）	身動きが取れない	can't move Không thể cử động / Không thể phản ứng	
	身内（みうち）	身内だけで祝う	have a family celebration Chúc mừng chỉ trong nội bộ gia đình / họ hàng	
	身近（みぢか）(な)	身近な出来事	common event Sự kiện quen thuộc	
	身元（みもと）	身元保証人（ほしょうにん）	guarantor Người bảo lãnh lai lịch	身元不明（ふめい） being unidentified (of a person) lai lịch không rõ ràng
	身分（みぶん）	身分が高い人	person with a high social rank Người có địa vị cao	
	生身（なまみ）	生身の体	a living being Cơ thể sống	
	単身（たんしん）	単身赴任（ふにん）	relocating to a new post and live apart from one's family Đi công tác đơn thân/đơn thân độc mã	
取	取り分（とりぶん）	自分の取り分を主張（しゅちょう）する	claim one's share Khăng khăng đòi phần của mình	
	下取り（したどり）(する)	車を下取りしてもらう	trade one's old car in Được / Nhờ mua lại xe cũ	
	手取り（てどり）	給料の手取り額	take-home pay Tiền lương sau khi trừ thuế/ Tiền thực lãnh	
	日取り（ひどり）	結婚式の日取りを決める	set a date for a wedding Quyết định ngày tổ chức hôn lễ	
	取材（しゅざい）(する)	事件を取材する	gather information for an article at the scene Thu thập thông tin / lấy tin về vụ án	
根	根気（こんき）	根気がいる仕事	job which requires perseverance Công việc đòi hỏi sự kiên nhẫn	
	根本的（こんぽんてき）(な)	根本的な誤り	a fundamental mistake Lỗi cơ bản	
	根回し（ねまわし）(する)	関係者に根回しする	quietly solicit support for one's plan Bàn trước với những người liên quan	

向	出向く(でむ)	現場に出向く	go to the site Đi tới hiện trường	
	前向き(な)(まえむ)	前向きに考える	think positively Suy nghĩ theo hướng tích cực	
	表向き(おもてむ)	表向きの理由	an official reason Lý do chính thức	
	向上(する)(こうじょう)	学力が向上する	academic skill improve Học lực được nâng cao	↔低下(する)(ていか)
前	前置き(する)(まえお)	前置きが長い	the introduction is long Lời mở đầu dài dòng	
	前借り(する)(まえが)	給料を前借りする	get an advance against one's next month's salary Tạm ứng lương	↔前貸し(する)(まえが)
	前払い(する)(まえばら)	料金を前払いする	pay a fee in advance Trả tiền trước	↔後払い(する)(あとばら)
	前科(ぜんか)	前科のある人	person with a criminal record Người có tiền án tiền sự	
	前途(ぜんと)	前途ある青年	a promising youth Chàng trai trẻ với một tương lai tươi sáng	
	前提(ぜんてい)	結婚を前提としてつき合う	in a serious relationship Hẹn hò với điều kiện sẽ kết hôn	

練習 I 正しいほうに○を付けなさい。

① 彼は、(a. 前借り　b. 前科) があるので、就職(しゅうしょく)は難しいだろう。

② (a. 正当　b. 根本的) な理由がなく、この建物に入ることは禁止します。

③ 公園(こうえん)で (a. 身元　b. 生身) のわからない遺体(いたい)が見つかった。

④ 大地震(おおじしん)が来るというので、とりあえず (a. 身の回り　b. 身の上) のものだけを持って避難所(ひなんじょ)に行った。

⑤ 彼は (a. 表向き　b. 前向き) は普通の会社員だが、実は刑事(けいじ)です。

⑥ 古い車を (a. 手取り　b. 下取り) に出して新車を買いました。

練習 II (　　) にはどれが入りますか。一つ選びなさい。

⑦ 新人タレントを売り出すためには、いろいろな (　　　) が必要だ。

1　前置き　　2　身動き　　3　見当　　4　根回し

⑧ あなたの給料は、税金を差し引いて、(　　　) でこの金額になります。

1　日取り　　2　手取り　　3　下取り　　4　前払い

▶答ええは p.87、正解文の読みは別冊 p.10

中級漢字の語彙を覚えよう

和(なご)む・指図(さしず)・公(おおやけ)

学習日　　月　　日(　)

Q.(　)に入るのは？
医者からガンの
(　　　)を受けた。
告知 こくち
告白 こくはく
予告 よこく
彼女に嫌いになったと
告(つ)げられて、
ぼくはショックだ。

おぼえよう 「和・実・公・連・図・告・記」を使った言葉

和	和風(わふう)	和風建築	Japanese architecture Kiến trúc theo phong cách Nhật Bản	↔洋風(ようふう)	Western style/manner Phong cách phương Tây
	和式(わしき)	和式トイレ	Japanese style toilet Nhà vệ sinh kiểu Nhật	↔洋式(ようしき)	Western style Kiểu phương Tây
	温和(おんわ)(な)	温和な気候	a mild climate Khí hậu ôn hòa	温和な人	a gentle person Người hiền hòa, thân thiện
	調和(ちょうわ)(する)	よく調和する	be well-matched Rất hài hòa		
	和(なご)む	心が和む	be heartwarming Chân tình/Ấm lòng		
実	実態(じったい)	実態を調査する	investigate an actual situation Điều tra tình hình thực tế		
	実業(じつぎょう)	実業家	a business person, an industrialist　Nhà kinh doanh		
	誠実(せいじつ)(な)	誠実な人	a sincere person　Người thành thật		
	真実(しんじつ)	真実を語る	reveal the truth　Kể sự thật		
	口実(こうじつ)	下手な口実	a poor excuse　Lời bào chữa kém cỏi		
	切実(せつじつ)	切実な悩み	a serious problem　Nỗi lo thiết thực		
	実入(みい)り	実入りのいい商売	a profitable business　Kinh doanh có lợi nhuận		
公	公正(こうせい)(な)	公正な取り引き	fair deals　Giao dịch công chính		
	公平(こうへい)(な)	公平に分ける	share ... evenly Phân chia công bằng		
	公立(こうりつ)	公立の学校	a school run by the public authorities Trường công lập	↔私立(しりつ)	being privately run Tư thục
	公用(こうよう)	公用語	an official language Ngôn ngữ chính thức	公用車(しゃ)	an official car Xe công
	公私(こうし)	公私混同する	mix private and official matters Lẫn lộn công tư		
	主人公(しゅじんこう)	物語の主人公	the main character in the story Nhân vật chính trong câu chuyện		
	公(おおやけ)	事件が公になる	make the crime public Vụ án được công khai	公の発表(はっぴょう)	an official announcement Công bố chính thức
連	連休(れんきゅう)	３日間の連休／３連休	a three-day holiday Kỳ nghỉ 3 ngày liên tiếp		
	連帯(れんたい)	連帯責任	collective responsibility Trách nhiệm liên đới		
	連(つら)なる	渋滞(じゅうたい)で車が連なっている。	Cars line up because of a traffic jam. Xe nối đuôi nhau vì kẹt xe		
	連(つら)ねる	リストに名前を連ねる	be on a name list Đưa tên vào danh sách		

図	図案（ずあん）	図案を描く（えが／か）	draw a design Thiết kế đồ án
	指図（さしず）（する）	あれこれ指図する	give various directions Chỉ đạo theo nhiều hướng/Chỉ đạo thế này thế kia
	合図（あいず）	合図を送る	send a signal Ra dấu
告	告知（こくち）（する）	ガンの告知をする	notify a patient that he/she has cancer Thông báo bệnh ung thư
	告白（こくはく）（する）	罪を告白する	confess a sin　Thú nhận tội lỗi
	予告（よこく）（する）	映画の予告	a movie trailer　Đoạn quảng cáo của bộ phim
	告げる（つ）	名前を告げる	provide one's name Xướng tên/Nêu tên
記	手記（しゅき）	体験を手記にまとめる	write about one's experiences in a book Ghi chép lại những trải nghiệm
	伝記（でんき）	伝記を読む	read a biography Đọc tiểu sử
	記す（しる）	名前を記す	write one's name Ghi tên 心に記す　bear it in mind Ghi dấu/Khắc ghi trong tim

練習 I 正しいほうに○を付けなさい。

① 小さい輪がいくつも（a. 連ねた　b. 連なった）ネックレス。

② 犯人の（a. 予告　b. 口実）どおり、犯行が行われてしまった。

③ もらった報酬（ほうしゅう）を全員で（a. 公平（こうへい）に　b. 連帯で）分けた。

④ その店員は（a. 誠実（せいじつ）に　b. 真実に）対応（たいおう）をしてくれた。

⑤ 彼は、母親に万引きをしてしまったことを（a. 告白　b. 告知）した。

⑥ 我々（われわれ）は、自然と（a. 温和　b. 調和）のとれた街（まち）づくりを目指している。

練習 II （　　）にはどれが入りますか。一つ選びなさい。

⑦ その俳優（はいゆう）が実は結婚しているということが、先日（せんじつ）、（　　　）になった。

1　口実　　2　公（おおやけ）　　3　告白　　4　公用（こうよう）

⑧ 彼は、入院中に書いた（　　　）をまとめて出版した。

1　手記　　2　告知　　3　伝記　　4　指図

▶答えは p.89、正解文の読みは別冊 p.10

p.85 の答え：I－①b　②a　③a　④a　⑤a　⑥b　　II－⑦4　⑧2

中級漢字の語彙を覚えよう

砂利（じゃり）・間柄（あいだがら）・説得（せっとく）

学習日 月 日( )

Q. 何と言う？
自分の失敗などを
正当化※するために
事情を説明すること
※正当化 ☞ p.84
口実（こうじつ）
説得（せっとく）
言い訳（いいわけ）
みんな、難しい言葉、
よく知っているね。
これじゃ、みんなと
点差（てんさ）が開くばかりだ。

おぼえよう 「利・有・現・説・差・仕・柄・訳」を使った言葉

利	利子（りし）／利息（りそく）	銀行の利子	bank interest Lãi suất ngân hàng	
	利点（りてん）	A案（あん）には多くの利点がある。	Plan A has a lot of merits. Kế hoạch A có nhiều ưu điểm.	
	砂利（じゃり）	砂利道	a gravel road　Con đường sỏi đá	
	左利き（ひだりきき）	左利き	left-handedness　Thuận tay trái	↔右利き（みぎきき）
有	有望（ゆうぼう）(な)	有望な研究者	a promising researcher Nhà nghiên cứu có triển vọng	
	有益（ゆうえき）(な)	有益な本	a useful book Quyển sách hữu ích	↔無益（むえき）(な)
		休暇（きゅうか）を有益に使う	make good use of a holiday Sử dụng ngày nghỉ thật có ích	
		寄付金の有益な使い道	beneficial use of donations Cách dùng tiền quyên góp một cách hữu ích	
	有力（ゆうりょく）(な)	地域の有力者（しゃ）	an influential person in the area Người có ảnh hưởng trong khu vực	
	私有（しゆう）	私有財産	private property Tài sản tư nhân	私有地（ち） a private land / Đất tư nhân
	有する（ゆうする）	権利を有する	hold the rights to ... Có quyền lợi	
現	現行（げんこう）	現行犯	a criminal taken in an act of crime (Người) phạm tội quả tang	
	現場（げんば）	工事現場	a construction site Công trường xây dựng	
	現地（げんち）	現地に向かう	go to the actual location Đi thực địa	
	出現（しゅつげん）(する)	UFOが出現する	UFO appears UFO xuất hiện	
	再現（さいげん）(する)	事故（じこ）の状況を再現する	reenact the accident Tái hiện hiện trường vụ tai nạn	
説	説得（せっとく）(する)	親を説得する	persuade parents Thuyết phục cha mẹ	
	伝説（でんせつ）	伝説上の人物	a legendary figure Nhân vật trong truyền thuyết	
	説く（とく）	教えを説く	preach　Thuyết giáo, thuyết giảng	
差	日差し（ひざし）	日差しが強い	the sun is strong Nắng gắt	
	時差（じさ）	時差がある	there's a time difference Có sự chênh lệch múi giờ	時差ぼけ jet lag　Hội chứng lệch múi giờ
	点差（てんさ）	点差が開く	the lead is widens Cách biệt về điểm được nới rộng	5点差 a 5-point difference in the score / Cách biệt 5 điểm
	指差す（ゆびさす）	家のほうを指差す	point in the direction of the house Chỉ về hướng ngôi nhà	

仕	仕上げる（しあ）	作品を仕上げる	finish a piece of art Hoàn thành tác phẩm	➡仕上げ（しあ）(N)	a finish Sự hoàn thành
	仕入れる（しい）	商品を仕入れる	stock goods Nhập kho hàng hóa	➡仕入れ（しい）(N)	stocking Nhập hàng
	仕切る（しき）	部屋を仕切る	subdivide a room Ngăn chia phòng	宴会（えんかい）を仕切る	control a party Tổ chức / Vận hành buổi tiệc
	仕組み（しく）	世の中の仕組み	social system Hệ thống xã hội		
	仕える（つか）	神（かみ）に仕える	serve God Phụng sự cho thần linh		
柄	間柄（あいだがら）	親密（しんみつ）な間柄	very close relationship Mối quan hệ thân mật		
	事柄（ことがら）	重要な事柄	a very important matter Vấn đề rất quan trọng		
	人柄（ひとがら）	立派（りっぱ）な人柄	a wonderful person Con người / Tính cách tuyệt vời		
訳	直訳（ちょくやく）(する)	文章を直訳する	do a literal translation of the sentence Dịch sát nghĩa đoạn văn	↔意訳（いやく）	free translation Dịchý
	内訳（うちわけ）	請求書（せいきゅうしょ）の内訳	an itemized bill Bảng kê chi tiết giấy đề nghị thanh toán		
	言い訳（いわけ）(する)	遅刻の言い訳をする	give an excuse for being late Bào chữa cho việc chậm trễ		

練習Ⅰ 正しいほうに○を付けなさい。

① 会議（かいぎ）で新しい製品の必要性を（a. つかえた　b. といた）。

② これは、本物を忠実（ちゅうじつ）に（a. 出現　b. 再現）した模型（もけい）です。

③ 親に（a. 言い訳（いわけ）　b. 説得）されて、進学をあきらめた。

④ 魚市場で新鮮（しんせん）な魚介類を（a. 仕入れた　b. 仕上げた）。

⑤ 彼は、まじめで（a. 間柄（あいだがら）　b. 人柄（ひとがら））の良い人物です。

⑥ 定期預金に少しだけ（a. 利子　b. 有益（ゆうえき））がついた。

練習Ⅱ（　　）にはどれが入りますか。一つ選びなさい。

⑦ 彼は、失敗するといつも見苦しい（　　　）ばかりする。

1　説得　　2　言い訳（いわけ）　　3　内訳（うちわけ）　　4　事柄（ことがら）

⑧ 最近は、情報という文字を（　　　）学部が多い。

1　有する　　2　仕切る　　3　直訳（ちょくやく）する　　4　指差す

▶答えは p.91、正解文の読みは別冊 p.10

p.87 の答え：Ⅰ－①b　②a　③a　④a　⑤a　⑥b　Ⅱ－⑦2　⑧1

中級漢字の語彙を覚えよう

試す（ため）・営む（いとな）・損なう（そこ）

学習日　月　日（　）

Q.（　）に入るのは？
私は足が悪いが、
日常生活を（　　）には問題がない。
満たす（み）
営む（いとな）
操る（あやつ）
君は進級が危ぶまれているよ（あや）

おぼえよう　動詞①（どうし）

○す	志す（こころざ）	学者を志す	aspire to be a scholar Quyết chí trở thành học giả		
	試す（ため）	新商品を試す	try out a new product Thử nghiệm sản phẩm mới		
	犯す（おか）	罪を犯す	commit a crime Phạm tội		
	乱す（みだ）	秩序（ちつじょ）を乱す	not follow convention Gây mất trật tự	➔（～が）乱れる（みだ）	
	満たす（み）	容器に水を満たす	fill up a container with water Đổ nước đầy bình chứa	要求を満たす	fulfill someone's request Đáp ứng yêu cầu
	果たす（は）	目的を果たす	achieve the purpose Hoàn thành mục tiêu		
	抜かす（ぬ）	1行抜かして読む	skip a line while reading Đọc bỏ sót 1 dòng		
	負かす（ま）	敵（てき）を負かす	defeat the opponent/enemy Đánh bại đối thủ/kẻ địch		
	悩ます（なや）	騒音（そうおん）に悩まされる	be disturbed by a noise Bị làm phiền bởi tiếng ồn		
	慣らす（な）	耳を慣らす	train one's ear Luyện tai nghe		
	荒らす（あ）	イノシシが作物を荒らす	wild boars damage the crops Heo rừng phá hoại hoa màu		
	費やす（つい）	エネルギーを費やす	spend energy　Sử dụng/Tiêu hao năng lượng		
○る	練る（ね）	計画を練る	work on a plan Lập kế hoạch tỉ mỉ		
	鈍る（にぶ）	勘（かん）が鈍る	lose one's touch Trực giác không nhạy	↔さえる	clear-headed Minh mẫn
	勝る（まさ）	これに勝る喜びはない。	Nothing is more joyful than this. Không gì vui hơn điều này		
	操る（あやつ）	機械を上手に操る	handle the machine well Vận hành máy móc thành thạo		
	群がる（むら）	アリが砂糖（さとう）に群がる。	Ants gather to feed on sugar. Đàn kiến bu quanh đường		
	備わる（そな）	才能が備わっている	have a talent for Tài năng có sẵn		
	改まる（あらた）	規則が改まる	regulations are updated Luật được sửa đổi	改まった場所	a formal place Nơi trang trọng
○む	病む（や）	肺（はい）を病む	suffer from a lung disease Bị bệnh phổi	❗気に病む	worry about Lo lắng
	富む（と）	天然資源（てんねんしげん）に富む	have rich natural resources Giàu tài nguyên thiên nhiên		
	恵む（めぐ）	食べ物を恵む	give food Ban phát thức ăn	➔恵み（めぐ）(N)	blessing Ân huệ
	営む（いとな）	日常生活を営む	live in the usual way Sinh hoạt đời sống hàng ngày	旅館を営む	run a Japanese inn Kinh doanh lữ quán
	危ぶむ（あや）	会議（かいぎ）の開催（かいさい）が危ぶまれる	be anxious about the opening of the conference Lo lắng về việc tổ chức hội nghị		

○う	負う（お）	責任を負う	be responsible Chịu trách nhiệm	やけどを負う（お）	get burnt Bị phỏng
	沿う（そ）	川に沿って進む	move along the river Di chuyển dọc theo con sông		
	損なう（そこ）	健康（けんこう）を損なう	ruin one's health Gây hại cho sức khỏe		
	似通う（にかよ）	似通った考え	a similar idea Suy nghĩ giống nhau		
	恥じらう（は）	下を向いて恥じらう	lower one's eyes due to shyness Xấu hổ cúi gằm mặt xuống		
○つ	保つ（たも）	部屋（へや）を清潔（せいけつ）に保つ	keep a room very clean Giữ gìn phòng sạch sẽ		
	放つ（はな）	ホームランを放つ	hit a home run Đánh một cú Homerun		
	経つ（た）	時が経つ	time passes Thời gian trôi		
	断つ（た）	酒を断つ	give up drinking Bỏ rượu		
	絶つ（た）	消息を絶つ	vanish Mất tích		

練習 I 正しいほうに○を付けなさい。

① 彼女は、歌手を（a. 志（こころざ）して　b. 試して）上京した。

② 年を取っても、彼の腕は（a. 鈍って　b. 乱して）いない。

③ 健康（けんこう）を（a. 損なわない　b. 病まない）ように注意してください。

④ この失敗については、彼が全責任を（a. 保（たも）つ　b. 負（お）う）そうだ。

⑤ 我（わ）が社の製品は、すべて安全基準（あんぜんきじゅん）を（a. 果たして　b. 満たして）います。

⑥ この子には芸術の才能（さいのう）が（a. 備（そな）わっている　b. 恵（めぐ）んでいる）。

練習 II（　　）にはどれが入りますか。一つ選びなさい。

⑦ リサイクルして物を作るのには、実はかなりのエネルギーを（　　　）らしい。

1　慣らす　　2　費やす　　3　荒らす　　4　操（あやつ）る

⑧ 我（わ）が国も、かつては天然資源（てんねんしげん）に（　　　）。

1　勝っていた　　2　営んでいた　　3　富んでいた　　4　満たしていた

▶答えは p.93、正解文の読みは別冊 p.10

p.89 の答え：Ⅰ－①b　②b　③b　④a　⑤b　⑥a　Ⅱ－⑦2　⑧1

中級漢字の語彙を覚えよう

背く(そむ)・経る(へ)・値する(あたい)

学習日
月　日(　)

Q.(　)に入るのは？
美しい音楽に
耳を(　　)。
傾けた(かたむ)
整えた(ととの)
試みた(こころ)
日が暮れたから
帰ろうかなあ。

おぼえよう　動詞(どうし)②

○く／○ぐ	築く(きず)	ダムを築く	build a dam Xây dựng đập nước		
	描く(えが)	風景を心に描く	picture a scene of ... Phác họa khung cảnh trong đầu		
	背く(そむ)	命令に背く	disobey an order　Chống lại mệnh lệnh		
	相次ぐ(あいつ)	事故(じこ)が相次ぐ	there continues to be accidents Tai nạn liên tiếp		
～iる	試みる(こころ)	実験を試みる	try out an experiment Thí nghiệm thử	➡試み(こころ)(N)	an attempt Sự thí nghiệm
	省みる(かえり)	過去を省みる	review the past Nhìn lại quá khứ		
	帯びる(お)	酒気を帯びる	have a little alcohol Có mùi rượu		
～eる	経る(へ)	十年の年月を経る	ten years pass Trải qua 10 năm		
		ドイツを経てイギリスへ行く(=経由(けいゆ)して)		go to England via Germany Đi Anh quá cảnh ở Đức	
	構える(かま)	大通りに店を構える	have a store on a main street Mở một cửa hàng trên đại lộ	カメラを構える	position a camera Lắp đặt máy quay phim
	栄える(さか)	国が栄える	country prospers Đất nước phồn vinh		
	絶える(た)	連絡が絶える	lose contact Mất liên lạc	➡途絶える(とだ)	discontinue Gián đoạn
	映える(は)	夕日に映える	be lit by the setting sun Hiện lên trong ánh chiều		
	整える(ととの)	服装を整える	get dressed Chỉnh lại trang phục	➡(～が)整う(ととの)	
	授ける(さず)	賞を授ける	award a prize Trao giải thưởng		
	傾ける(かたむ)	耳を傾ける	listen to Lắng tai nghe	➡(～が)傾く(かたむ)	
	設ける(もう)	相談窓口を設ける(=設置(せっち)する)	open a customer service counter Mở quầy tư vấn	機会(きかい)を設ける	create an opportunity Tạo cơ hội
	手掛ける(てが)	設計を手掛ける	draw up a plan Tự tay thiết kế		
	定める(さだ)	憲法(けんぽう)を定める	promulgate a constitution Ban hành Hiến pháp	➡(～が)定まる(さだ)	
	目覚める(めざ)	夢から目覚める(=覚(さ)める)	wake from a dream Thức tỉnh từ giấc mơ		
	暮れる(く)	日が暮れる	the sun sets　Mặt trời lặn		
	寝かせる(ね)	子どもを寝かせる(=寝かす)	put a child to sleep Cho con ngủ		
	震わせる(ふる)	声を震わせる(=震わす)	one's voice trembles Run giọng		

分類	表現	意味
漢字一字＋する	この本は一読に値(あたい)する。	This book is worth reading. Quyển sách này đáng để đọc
	健康(けんこう)を害(がい)する	ruin one's health Gây hại cho sức khỏe
	弁護士(べんごし)と称(しょう)する男	a man who claims to be a lawyer Người đàn ông tự xưng là luật sư
	病気だと称(しょう)して欠席する	pretend to be ill to avoid attending Nói bệnh để vắng mặt
	警官が群集(ぐんしゅう)を制(せい)する。	Policemen control the crowd. Cảnh sát khống chế đám đông.
	危険を脱(だっ)する	escape from danger Thoát khỏi nguy hiểm
	裏方に徹(てっ)する	stay behind the scenes Ở trong hậu trường
	大通りに面(めん)する家	a house facing the main street Nhà mặt tiền đường lớn
	急を要(よう)する連絡	an urgent message Liên lạc khi có việc khẩn cấp
漢字一字＋じる ＊じる→ずるもOK	両親の健康(けんこう)を案(あん)じる	worry about parents' health Lo lắng cho sức khỏe của cha mẹ
	学歴を重(おも)んじる	put emphasis on educational qualifications Coi trọng trình độ học vấn
	ドラマのヒロインを演(えん)じる	play the main (female) role in a drama　Đóng vai nữ chính trong phim truyền hình
	トランプに興(きょう)じる	enjoy card games Khoái đánh bài
	法律で禁(きん)じられている	be prohibited by law Bị pháp luật nghiêm cấm
	待遇(たいぐう)は年齢に準(じゅん)じる	pay depends on age Đãi ngộ căn cứ theo tuổi tác
	状況が転(てん)じる	situation changes Tình huống thay đổi
	新聞が事件を報(ほう)じる。	Newspapers report the crime. Báo chí đưa tin về vụ án

練習 I 正しいほうに○を付けなさい。

① 夕焼けで赤みを（a. 暮れた　b. 帯びた）空がきれいだ。

② 父は、料理の面白さに（a. 目覚めた　b. 転じた）らしく、毎日台所に立っている。

③ 彼女は、毎日異国(いこく)で暮らす息子の健康(けんこう)を（a. 案(あん)じている　b. 報じている）。

④ 我(わ)がチームは、やっと最下位から（a. 脱(だっ)する　b. 準じる）ことができた。

⑤ 最近、この地方に大きい地震が（a. 相次いで　b. 震わせて）起こっている。

⑥ 兄は、土日はマージャンに（a. 重んじている　b. 興(きょう)じている）。

練習 II （　）にはどれが入りますか。一つ選びなさい。

⑦ 彼は、親の教えに（　　　）、不良になってしまった。

1　制して　　2　害して　　3　背いて　　4　準じて

⑧ 彼は、父親が（　　　）財産を次々と売ってしまった。

1　構えた　　2　栄えた　　3　築いた　　4　値した

▶答えは p.95、正解文の読みは別冊 p.10

p.91 の答え：Ⅰ－①a　②a　③a　④b　⑤b　⑥a　Ⅱ－⑦2　⑧3

中級漢字の語彙を覚えよう

最寄り・気配・手際
（もより・けはい・てぎわ）

学習日
月　　日(　)

Q.(　)に入るのは？
大学の授業料が
(　　)値上がりした。

軒並み
のきな
応急に
おうきゅう
独自に
どくじ
「どれもこれも
すべて同じように」と
いう意味を表します。

おぼえよう

最寄り（もよ）	最寄りの駅	the nearest station Ga gần nhất		
誤り（あやま）	誤りが多い	make a lot of mistakes Lỗi sai nhiều	➲誤った考え	wrong idea Suy nghĩ sai lầm
過ち（あやま）	過ちを犯す	make a mistake Phạm sai lầm		
値打ち（ねう）	値打ちがある絵	a valuable painting Bức tranh có giá trị		
勝手(な)（かって）	勝手な行動をとる	behave selfishly Hành động tùy tiện		
初耳（はつみみ）	その話は初耳だ。	I've heard it for the first time. Câu chuyện đó lần đầu được nghe.		
人並み（ひとな）	人並みの生活	a decent living Cuộc sống bình thường (như bao người)		
軒並み（のきな）	軒並みに値上がりする	every price goes up Mọi thứ đều tăng giá	古い軒並み	a row of old houses Dãy phố cổ
人任せ（ひとまか）	仕事を人任せにする	leave one's work to someone else Phó thác công việc cho người khác		
善し悪し（よあ）	物事の善し悪し	the rights and wrongs of things Mặt tốt xấu của sự việc	➲善悪（ぜんあく）	good and evil Tốt xấu/ Thiện ác/ Đúng sai
目の当たり（まあ）	惨状（さんじょう）を目の当たりにする	witness a tragic event Tận mắt chứng kiến bi kịch		
応急（おうきゅう）	応急処置をする	give first aid Xử lý sơ cứu	応急手当	first aid Sơ cấp cứu
気配（けはい）	人の気配がする	sense someone is around Linh cảm có ai đó ở quanh		
手際（てぎわ）	手際がいい	be very efficient Có tay nghề cao		
知恵（ちえ）	知恵を出し合う	put ones' heads together Cùng góp trí tuệ/ Cùng lên ý tưởng		
自我（じが）	自我が強い	be self-centered Cái tôi lớn		
自己（じこ）	自己中心的な人	a self-centered person Người tự cho mình là trung tâm		
作戦（さくせん）	作戦を練る	plan one's strategy Lập kế hoạch tác chiến tỉ mỉ		
始末（しまつ）	事故（じこ）の始末をする	deal with the aftermath of the accident Xử lý hậu quả vụ tai nạn		
決意（けつい）	決意を固める	strengthen one's determination Hạ quyết tâm		
意欲（いよく）	意欲がある	be very eager　Có ý chí		
片言（かたこと）	片言でしゃべる	speak a few words of the language Nói bập bẹ/lõm bõm		
独自（どくじ）	独自の見解	one's own view Quan điểm độc lập		
個々（ここ）	個々に意見を聞く	solicit each individual's opinion Lắng nghe ý kiến từng cá nhân		

従来（じゅうらい）	従来の考え方	traditional ways of thinking Cách suy nghĩ từ xưa đến nay	従来通り	as in the past Như từ xưa đến nay
無茶（むちゃ）(な)	無茶を言う	be unreasonable Nói vô lý	無茶をする	do reckless things Làm điều ngớ ngẩn
過密（かみつ）(な)	過密スケジュール	a very tight schedule Lịch trình kín mít / dày đặc		
不可欠（ふかけつ）(な)	生活に不可欠なもの	indispensable things of life Những thứ không thể thiếu trong đời sống sinh hoạt		
画期的（かっきてき）(な)	画期的な発見	an epoch-making discovery Khám phá mang tính cách mạng/đổi mới		
客観的（きゃっかんてき）(な)	客観的な意見を求める	request objective views Yêu cầu các ý kiến mang tính khách quan	➔主観的（しゅかんてき）(な)	subjective mang tính chủ quan
自発的（じはつてき）(な)	自発的に参加する	participate voluntarily Tham gia tự nguyện		
強制的（きょうせいてき）(な)	強制的に参加させる	force someone to participate Cưỡng chế tham gia		
個人的（こじんてき）(な)	個人的な事情	personal matter Tình huống, lý do cá nhân		
科学的（かがくてき）(な)	科学的な根拠（こんきょ）	scientific basis Cơ sở khoa học		
建設的（けんせつてき）(な)	建設的な話し合い	constructive discussions Trò chuyện mang tính xây dựng		

練習 I 正しいほうに○を付けなさい。

① 朝の電車は、（a. 過密（かみつ）な　b. 独自の）ダイヤで運行している。

② 株（かぶ）の売買は、（a. 自己（じこ）　b. 自我（じが））責任で行うものです。

③ チラシの 30 日（土）は（a. 誤り　b. 過ち）です。正しくは 30 日（日）です。

④ この切手は、将来（a. 意欲　b. 値打ち）が出るかもしれない。

⑤ フリーズしたパソコンを（a. 無茶に　b. 強制的に）終了させた。

⑥ 彼は、知事選に立候補する（a. 作戦　b. 決意）を固めたようです。

練習 II（　　）にはどれが入りますか。一つ選びなさい。

⑦ 事故（じこ）の現場を（　　　）にして、恐ろしかった。

1　不可欠　　2　初耳　　3　人任せ　　4　目（ま）の当（あ）たり

⑧ これは、我（わ）が社が開発した（　　　）新技術です。

1　画期的な　　2　自己的（じこてき）な　　3　客観的な　　4　自発的な

▶答えは p.97、正解文の読みは別冊 p.11

p.93 の答え：Ⅰ－①b　②a　③a　④a　⑤a　⑥b　Ⅱ－⑦3　⑧3

中級漢字の語彙を覚えよう

復習＋もっと

学習日　月　日(　)

Q. 説明に最も合う言葉を、a・b・c から一つ選びなさい。(答えは p.100)

説明をきちんと理解してから解答しましょう。
説明文がわからないから答えられない…
前向きに考えよう！

1日目

▶p.84,85

1．その人自身(じしん)の過去から現在に至(いた)った家庭環境(かんきょう)や人間関係などの話

　a　身(み)の上(うえ)話　　b　身内(みうち)の話　　c　身元(みもと)の話

2．高い目標を目指(めざ)して努力する心、成長しようとする心

　a　見当心　　b　前向き心　　c　向上心　　〈注〉正解以外の言葉は存在しません。

2日目

▶p.86,87

1．特定の人だけの利益(りえき)を守るのではなく、同じように扱(あつか)うこと

　a　公正　　b　正当　　c　誠実

2．「忙しいから…」などのような言(い)い訳(わけ)や言(い)い逃(のが)れのこと

　a　実態(じったい)　　b　公言(こうげん)　　c　口実(こうじつ)

3日目

▶p.88,89

1．生産や販売のために、原料や品物を買うこと

　a　仕上(しあ)げ　　b　仕入(しい)れ　　c　仕組(しく)み

2．目上(めうえ)の人などのそばにいて、その人に不自由がないように働く

　a　とく　　b　つかえる　　c　しきる

4日目

▶p.90,91

1．さらによいものにするために内容を検討（けんとう）したり、手を加（くわ）えたりする

a　練（ね）る　　b　操（あやつ）る　　c　沿（そ）う

2．本来（ほんらい）持っていた正常（せいじょう）な状態（じょうたい）を失（うしな）う

a　危（あや）ぶむ　　b　負（お）う　　c　損（そこ）なう

5日目

▶p.92,93

1．自分の心や行いを振（ふ）り返ってよく考える

a　省（かえり）みる　　b　重んじる　　c　要する

2．調和して、一段と良く見えて目立つ

a　栄（さか）える　　b　映（は）える　　c　帯（お）びる

6日目

▶p.94,95

1．物事の筋道（すじみち）がわかり、うまく処理（しょり）していける能力

a　意欲　　b　知恵（ちえ）　　c　決意

2．自分の好（この）みなど、自分だけが感じるものの見方

a　画期的（かっきてき）　　b　自発的（じはつてき）　　c　主観的（しゅかんてき）

もっと覚えよう　＊「～的」の形でよく使う言葉＊

画一的（かくいつてき）	画一的な教育	uniform education Giáo dục đồng nhất
合理的（ごうりてき）	合理的な説明	reasonable explanation Giải thích hợp lý
相対的（そうたいてき）	相対的に見る	view things in relative ways Nhìn một cách tương đối
楽天的（らくてんてき）	楽天的な性格	optimistic personality Tính cách lạc quan
自発的（じはつてき）	自発的に参加する	participate voluntarily Tham gia một cách tự phát
意図的（いとてき）	意図的にうそを言う	tell an intentional lie Cố tình nói dối
先天的（せんてんてき）	先天的な病気	congenital disease Bệnh bẩm sinh　↔ 後天的（こうてんてき） posteriori Sau khi sinh

漢字はやさしいものばかりですが、意味はむずかしいものが多いですね。

p.95 の答え：Ⅰ－①a　②a　③a　④b　⑤b　⑥b　Ⅱ－⑦4　⑧1

月　日（　）

まとめの問題（もんだい）

制限時間（せいげん）：20分
1問5点×20問
答えはp.100
正解文の読みと解説は別冊（べっさつ）p.11

点数
／100

問題1　（　）に入れるのに最もよいものを、1・2・3・4から一つ選びなさい。

1 新薬の開発は、実験動物を対象に安全性や効果を（　　）ならない。

1　慣らさなければ　2　荒らさなければ　3　試さなければ　4　志さなければ

2 兄弟でもめないように、ケーキを（　　）に切り分けた。

1　公正　2　公私　3　公用　4　公平

3（　　）だけでささやかな結婚式を挙げた。

1　身近　2　身内　3　身の上　4　単身

4 隣人は変わっているが、このあたりは環境に（　　）地域で気に入っている。

1　恵まれている　2　悩まされている　3　和んでいる　4　目覚めている

5 この新しい装置は、自動車産業にとって、（　　）な発明である。

1　客観的　2　正当的　3　画期的　4　根本的

6 彼の推理は、はなはだしく（　　）違いだ。

1　実態　2　見当　3　根気　4　内訳

7 彼は、まだ高校1年生だが、将来（　　）な野球選手になるだろう。

1　有益　2　有力　3　有望　4　画期的

8 仕事をサボってマージャンに（　　）いたところを、上司に見つかってしまった。

1　演じて　2　興じて　3　群がって　4　病んで

9（　　）通りのやり方ではだめだ。別の対策を考えなければならない。

1　従来　2　自己　3　意欲　4　手際

10 彼女の家がゴミだらけだという（　　）を誰（だれ）も知らない。

1　言い訳　2　表向き　3　現行　4　実態

問題2 次の言葉の使い方として最もよいものを、１・２・３・４から一つ選びなさい。

11 和む

1 朝から気持ちが悪かったが、少し寝たら和みました。

2 日本の国旗が空に和んでいた。

3 彼のジョークのおかげで、固かった雰囲気が一気に和んだ。

4 彼とは古くから和んだ友達です。

12 勝手

1 勝手に決めないで、私にも相談してください。

2 秋になって気温が勝手に下がってきた。

3 あなたの意見を聞けないのは、私勝手です。

4 勝手の結果で、不合格になってしまった。

13 値しない

1 その製品は値しない評判がある。

2 彼女の行動は問題があるから、私に値しない人物だ。

3 この本は内容に値しないと言われている。

4 社員を大事にしない会社は、信頼に値しない。

14 根回し

1 今度は、根回さないようにしたから大丈夫です。

2 選挙での根回しが失敗して、彼は落選したと言われている。

3 大至急この書類を根回ししておいてください。

4 根回しで会社をやめたけれど、後悔している。

15 実入り

1 今年は、会社に三人の実入りが来た。

2 今度の仕事は、かなり実入りがよい。

3 彼は若いが、とても実入りがよい。

4 彼女は初心者ながら、立派に実入りを果たした。

問題3 ＿＿＿の言葉に意味が最も近いものを、1・2・3・4から一つ選びなさい。

16 この電球は高いが、大幅な電気代の節約になるというメリットがある。

1 利点　　2 有力　　3 有益　　4 利子

17 成績でずっと一位を維持するのは難しいことです。

1 経る　　2 徹する　　3 保つ　　4 築く

18 私の母は、用事を言いつけてばかりで、自分では何もしない。

1 負かして　　2 指図して　　3 言い訳して　　4 任せて

19 そちらに伺いたいのですが、一番近い駅はどこでしょうか。

1 身近な　　2 目の当たりの　　3 最寄りの　　4 身の回りの

20 父の命令を聞かないで、大学をやめた。

1 命令を制して　　2 命令を脱して　　3 命令に背いて　　4 命令に徹して

復習（p.96～97）の答え：
1日目 1. a 2. c　2日目 1. a 2. c　3日目 1. b 2. b
4日目 1. a 2. c　5日目 1. a 2. b　6日目 1. b 2. c

まとめの問題（p.98～100）の答え：
問題1 1 3　2 4　3 2　4 1　5 3　6 2　7 3　8 2　9 1　10 4
問題2 11 3　12 1　13 4　14 2　15 2
問題3 16 1　17 3　18 2　19 3　20 3

第6週

意味が多い言葉を覚えよう

ことば　おぼ

受ける・滑る・つながる

学習日
月　日(　)

Q.（　）に入るのは？
10分の休憩を(　)
会議を再開します。
うけて
はさんで
つなげて
わからない…
この調子だと、試験に
すべるかも…

おぼえよう

受ける	両手でボールを受ける	catch a ball with both hands Bắt bóng bằng hai tay
	ヨットが風を受けて進む。	Sailboat sails downwind. Thuyền xuôi theo gió.
	外国から援助を受ける	receive foreign aid Nhận viện trợ từ nước ngoài
	先生の影響を受ける	be influenced by a teacher Chịu ảnh hưởng của giáo viên
	国民の歓迎を受ける	receive a warm welcome from people Nhận được sự hoan nghênh từ phía người dân
	学生から相談を受ける	be consulted by a student about his problem Nhận được sự trao đổi từ phía học sinh
	ショックを受ける	be shocked Bị sốc
	招待を受ける	be invited Nhận được lời mời
	検査を受ける	go for a physical exam Đi kiểm tra / làm xét nghiệm
	若者に受ける映画	movie that is very popular among young people Phim được giới trẻ đón nhận
	＊「ウケる」とカタカナで書く場合が多い。	
	➡ギャグがウケなかった。	The joke didn't go over well at all. Trò đùa không được hưởng ứng.
	➡ウケがいい	very popular Rất được hưởng ứng
挟む	本にしおりを挟む	put a bookmark in a book Kẹp cái kẹp sách vào quyển sách
	テーブルを挟んで座る	sit across from each other at the table Ngồi đối diện ở 2 bên bàn
	毛虫をはしで挟んで捨てる	pick up a caterpillar with chopsticks and throw it out Kẹp con sâu róm bằng đũa rồi đem vứt
	指をドアに挟んだ (＝ドアに指を挟まれた)。	I got my finger caught in the door. Ngón tay bị cửa kẹp.
	会話に口を挟む	cut into the conversation　Nói xen vào cuộc trò chuyện
	会議は10分の休憩を挟んで再開します。	We'll resume the meeting after a 10-minute break. Cuộc họp có nghỉ giải lao 10 phút và sau đó sẽ tiếp tục.
	うわさを耳に挟む	hear a rumor Vô tình nghe tin đồn

滑る	スキーで滑る	ski down　Trượt tuyết
	足が滑って転んだ。	I slipped and fell. Trượt chân té ngã.
	手が滑ってコップを落とした。	A glass slipped from my hand and fell on the floor. Tuột tay làm rớt cái ly.
	つい口が滑ってしまった。	It just slipped out. Buột miệng nói ra mất tiêu.
	試験に滑って、がっかりしている。	I failed the exam and feel disappointed. Thất vọng vì thi trượt.
つながる	電話がつながる	connect by phone Kết nối điện thoại
	町につながっている道	a road leading to a town Con đường nối liền với thành phố
	渋滞で車がつながっている。	Cars line up in a traffic jam. Kẹt xe nên ô tô nối đuôi nhau
	まだ首がつながっている	one has managed to keep one's job Vẫn chưa bị đuổi việc
	事件につながる人物	person who could be involved in a crime Nhân vật liên quan đến vụ án
	もうけにつながる話	a plan to generate a large profit Câu chuyện sinh lời
	彼とは血がつながっている。	I am related to him by blood. Tôi có quan hệ huyết thống với anh ấy.

練習 I 正しいほうに○を付けなさい。

① 彼のギャグは、全然（a. つながらなかった　b. うけなかった）。

② パンにハムを（a. はさんで　b. つなげて）食べました。

③ つい口を（a. はさんで　b. すべらせて）、彼の秘密をばらしてしまった。

④ そのときの経験が、今の自信に（a. うけている　b. つながっている）。

⑤ 彼女が結婚するといううわさを耳に（a. はさんだ　b. 受けた）。

⑥ ドアを開けるとき、手が（a. すべって　b. はさんで）持っていた本を落としてしまった。

練習 II（　　）にはどれが入りますか。一つ選びなさい。

⑦ 彼らは戸籍上は兄弟だが、血は（　　　）いない。

1　受けて　　2　つながって　　3　受かって　　4　つなげて

⑧ 彼の家は、うちの前の道路を（　　　）向こう側にある。

1　はさんで　　2　すべって　　3　うけて　　4　つなげて

▶答えは p.105、正解文の読みは別冊 p.12

意味が多い言葉を覚えよう

通る・引く・回す

学習日　　月　　日(　)

Q. (　　) に入るのは？

友達を敵に(　　　)。

今日は気分が乗らない。
早く家に帰りたい。

おぼえよう

通る	町に高速道路が通る。	An expressway will be built through the town. Đường cao tốc xuyên qua thành phố.
	名の通った医師	a famous doctor Bác sĩ có tiếng
	彼の声はよく通る。	His voice carries well. Giọng anh ấy to rõ rất dễ nghe.
	風がよく通る家	house with good ventilation Căn nhà rất thoáng gió
	詰まっていた鼻が通る	one's stuffed nose is clearing Thông mũi bị nghẹt
	食べ物がのどを通らない	cannot get one's food down Thức ăn bị nghẹn ở cổ họng
	議案が国会を通った。	Parliament passed the bill. Dự thảo đã được Quốc hội thông qua.
	この肉は火がよく通っていない。	This meat is not cooked. Thịt này chưa được nấu chín.
	彼の言うことは筋が通っている。	What he says makes sense. Điều anh ấy nói rất có lý.
引く	綱を引く	pull a rope Kéo lưới
	潮が引く	tide goes out Thủy triều rút
	子どもの手を引く	take one's child's hand Dìu dắt con
	値段を引いて売る	sell it for a discounted price Bán giảm giá
	この地域に水道を引く	install a public water system in this area Lắp đặt hệ thống cấp thoát nước ở khu vực này
	神社でおみくじを引く	draw one's fortune at a shrine Rút quẻ ở đền
	フライパンに油を引く	put oil in a pan Đổ dầu vào chảo
	熱が引いて平熱になった。	My fever has gone away. Hạ sốt và đã trở lại nhiệt độ bình thường.
	注意を引くために大声を出す	shout to get attention Nói to để thu hút sự chú ý
	身を引く	retire from, leave　Rút lui/Rời khỏi
	彼はイギリス人の血を引いている。	He has some English blood. Anh ấy mang trong người dòng máu Anh.
乗る	リズムに乗って踊る	dance to the music Nhảy theo điệu nhạc
	友人の相談に乗る	give some advice to one's friend Đưa ra lời khuyên cho bạn bè
	友人の誘いに乗る	accept a friend's invitation Nhận lời mời của bạn bè
	その手には乗らない。	I don't buy your plan! Không làm theo phương pháp đó.
	調子に乗っていると、失敗するよ。	You'll fail if you get carried away too much. Nếu phấn khích quá thì sẽ thất bại đó.
	花粉が風に乗って運ばれる。	Pollen is carried by the wind. Phấn hoa bay theo gió
	誘われたが、気分が乗らないから断った。	Although I was invited, I didn't go as I was not in the mood. Mặc dù được mời, nhưng vì không có tâm trạng nên đã từ chối.

回す(まわ)	びんのふたを左に回す	twist the lid of the bottle to the left Vặn nắp chai sang bên trái
	回覧板(かいらんばん)を回す	pass on a circular bulletin Chuyền tay bảng thông báo
	洗濯機を回す	turn on the washing machine Giặt đồ (bằng máy)
	彼女の肩に手を回す	put an arm over her shoulder Khoác tay lên vai cô ấy
	事前に手を回す	try to arrange ... in advance Sắp xếp trước
	仕事を明日に回す	postpone a job till tomorrow Dời công việc sang ngày mai
	社長室に電話を回す	forward a call to the president's office Chuyển cuộc gọi đến phòng giám đốc
	旧友を敵(てき)に回す	have a good friend in the opponent's camp Bạn cũ trở thành đối thủ/kẻ địch
	患者を外科に回す	refer the patient to the surgical department Chuyển bệnh nhân sang khoa ngoại
	子どもを連れ回す	drag a child around with you Dẫn trẻ con đi loanh quanh

練習 I 正しいほうに○を付けなさい。

① 会議で反対意見が出ないよう、事前に手を（a. 引いて　b. 回して）おいた。

② こんなに遅い時間まで子どもを（a. 連(つ)れ回す　b. 連(つ)れ引く）のは、非常識だ。

③ 桜(さくら)の花びらが風に（a. 通って　b. 乗って）運ばれてきた。

④ この肉はまだ火がじゅうぶんに（a. 乗って　b. 通って）ないから、もう一度焼いてください。

⑤ 彼女は、泣いてみんなの注意を（a. 引いた　b. 回した）。

⑥ 彼は、イギリスではかなり名の（a. 乗った　b. 通った）作家です。

練習 II （　　）にはどれが入りますか。一つ選びなさい。

⑦ 気が（　　　）けれど、上司(じょうし)に飲みに誘(さそ)われたら断れない。

1　引けない　　2　通らない　　3　乗らない　　4　回(まわ)らない

⑧ 彼の提案(ていあん)は筋(すじ)が（　　　）が、実現するのは難しいだろう。

1　通っている　　2　乗っている　　3　回している　　4　引いている

▶答えは p.107、正解文の読みは別冊 p.12

p.103 の答え：Ⅰ－①b　②a　③b　④b　⑤a　⑥a　Ⅱ－⑦2　⑧1

意味が多い言葉を覚えよう

はる・送る(おく)・飛ぶ(と)

学習日 月 日( )

彼女に目で合図(あいず)を送っているのに気づいてくれない。

おぼえよう

はる	糸がピンと張る	thread is stretched tight Sợi chỉ được kéo căng	根が深く張る	roots go deep into the ground Rễ cây cắm sâu vào đất
	池に氷が張る	a pond freezes Hồ bị đóng băng	くもの巣(す)が張る	a spider weaves a web Mạng nhện giăng đầy
	おなかが張る	one's abdomen is bloated Bụng căng / chướng	テントを張る	pitch a tent Căng lều
	気が張る	feel tense Cảm thấy căng thẳng/hồi hộp	胸を張る	puff up one's chest Ưỡn ngực
	見栄を張る	show off　Phô trương / Khoe khoang	➲見栄(みえ)っ張(ば)り	a vain person Người phô trương
	ポスターを貼る	put up a poster Dán áp phích		
送る(おく)	扇風機(せんぷうき)で風を送る	circulate air using a fan Dùng quạt tạo gió	使いの者を送る	send someone Gửi ai đó đến giúp đỡ
	送りがなを送る	add a declensional kana ending (to a kanji)　Thêm hậu tố kana sau chữ Hán	駅まで送る	take someone to a station Đưa tiễn đến ga
	多忙な日を送る	have a very busy life Có một ngày bận rộn	拍手(はくしゅ)を送る	applause Vỗ tay
	目で合図を送る	convey a message through a look Ra hiệu bằng mắt		
とける	靴のひもが解ける	shoelaces come undone Dây giày bị tuột	誤解が解ける	resolve a misunderstanding Sự hiểu lầm được giải quyết
	洗剤(せんざい)が水に溶ける	detergent dissolves in the water Bột giặt hòa tan trong nước	雪が解ける	snow melts Tuyết tan
	アイスクリームが室温で溶ける。		Ice cream melts at room temperature. Kem tan chảy ở nhiệt độ phòng	
	この問題は難しくて解けない。		This problem is too difficult for me to solve. Bài / câu này khó nên không giải được.	
	停学処分が解けてまた通学(つうがく)している。		He is no longer suspended from school and now goes to school every day. Hết bị đình chỉ học nên lại tiếp tục đi học.	
とぶ	ヘリコプターが飛んでいる。		Helicopter is hovering. Trực thăng đang bay	
	台風で看板(かんばん)が飛んだ。(＝空中に舞う)		A sign got blown away in a typhoon. Biển quảng cáo bị cơn bão thổi bay đi.	
	ニューヨークまで飛ぶ(＝飛行機で目的地に行く)		fly to New York　Bay đến New York	
	水たまりの泥が跳ぶ(＝はねる)		mud splashes up from a puddle Bùn trong vũng nước đọng bắn tung tóe	
	ヒューズが飛ぶ		fuse blows Cầu chì bị cháy	
	記者が現場に飛ぶ(＝急いで行く)		reporters rush to the site Phóng viên lao đến hiện trường	
	ローンの返済でボーナスが飛ぶ(＝消えてなくなる)		mortgage payments eat up one's bonus Vì phải trả nợ nên tiền thưởng bay hết trơn	
	話があちこちに飛ぶ		jump from one topic to another Nhảy từ chủ đề này sang chủ đề khác / Chuyện nọ xọ chuyện kia	

結ぶ(むすぶ)	靴のひもを結ぶ	tie shoelaces Buộc dây giày
	契約(けいやく)を結ぶ	sign a contract Ký kết hợp đồng
	口を固く結ぶ	keep one's mouth shut Giữ kín miệng
	A社と手を結ぶ	partner with Company A Bắt tay với công ty A
	東京と大阪(おおさか)を結ぶバス (＝2つの地点をつなぐ)	bus that runs between Tokyo and Osaka Xe buýt chạy giữa Tokyo và Osaka
	二人は信頼感で結ばれている。 (＝つながっている)	The two persons trust each other. Hai người nối kết với nhau bằng sự tin tưởng.
	長年の努力が実を結ぶ。 (＝形になる)	Sustained efforts eventually bear fruit. Nỗ lực nhiều năm nay đã thu được thành quả.

練習 I 正しいほうに○を付けなさい。

① 彼とは固い友情で（a. 結ばれて　b. 結んで）いる。

② 彼らは結婚して数年間は、幸せな日々を（a. はって　b. 送って）いた。

③ 努力が実を（a. 結んで　b. 解けて）、実験に成功(せいこう)した。

④ 私は胸を（a. はって　b. とんで）、この作品には自信があると言えます。

⑤ 操作(そうさ)を間違ったらしく、一瞬(いっしゅん)でデータが（a. とんで　b. とけて）しまった。

⑥ 彼女の誤解が（a. むすぶ　b. とける）には時間がかかるだろう。

練習 II （　　）にはどれが入りますか。一つ選びなさい。

⑦ パチンコで一万円札(さつ)が（　　　）いった。

1　飛んで　　2　送って　　3　とけて　　4　張(は)って

⑧ その2社は、合併(がっぺい)の契約(けいやく)を（　　　）。

1　通した　　2　送った　　3　結んだ　　4　つないだ

▶答えは p.109、正解文の読みは別冊 p.12

p.105 の答え：Ⅰ－①b　②a　③b　④b　⑤a　⑥b　Ⅱ－⑦3　⑧1

意味が多い言葉を覚えよう

甘(あま)い・かたい・重(おも)い

学習日　月　日(　)

Q. (　)に入るのは？
このねじは(　　　)からすぐに外れてしまう。

かたい
あまい
おもい
文全体を読んで判断しましょう。

おぼえよう

甘(あま)い	このトマトは甘くておいしい。	This tomato is sweet and tasty. Trái cà chua này vừa ngọt vừa ngon.
	今朝のみそ汁(しる)はちょっと甘い(=塩分が少ない)。	The miso soup this morning is rather mild. Súp miso sáng nay hơi ngọt (thiếu muối).
	甘い(=優しく快い)声でささやく	whisper sweet things in her ear Thì thầm bên tai bằng giọng nói ngọt ngào
	彼は子どもたちに甘い(=厳(きび)しくない)。	He is easy on his kids. Anh ấy rất cưng chiều con mình.
	考えが甘い(=安易だ)	an overly optimistic view　Suy nghĩ đơn giản/ngây thơ
	準備なしで受験したのは甘かった。	I didn't prepare enough. I underestimated the difficulty of the entrance exam. Không chuẩn bị gì mà đi thi là đã quá coi nhẹ kỳ thi rồi.
	仕事を甘く(=簡単に)見る	not take the job seriously　Xem nhẹ công việc
	見通しが甘い	an overly optimistic plan　Kế hoạch còn non nớt/ thiển cận
	このねじは甘い(=ゆるい)からすぐに外れる。	This screw will come out easily because it is already loose. Đinh ốc còn lỏng nên sẽ rơi ra ngay.
かたい	かたい椅子(いす)	hard chair　Cái ghế cứng　↔やわらかい
	かたい(=しっかりとした)握手(あくしゅ)を交わす	shake hands firmly Bắt tay nhau thật chặt
	口がかたい	be tight-lipped　Kín miệng　↔口が軽(かる)い
	彼の決意はかたい。	He's firm in his decision. Quyết tâm của anh ấy rất vững vàng.
	表情がかたい	a stern look Vẻ mặt căng thẳng / nghiêm nghị　↔やわらかい
	かたい(=安全な)商売をする	do a stable business Kinh doanh vững vàng
	彼の合格はかたい(=確実だ)。	He'll certainly pass. Anh ấy chắc chắn đã đậu.
	父は頭がかたい(=頑固(がんこ)だ)。	My father is stubborn. Ba tôi rất cứng đầu.　↔やわらかい
	かたい(=難しい)話はやめよう。	Let's not talk about such a serious topic. Thôi đừng nói đến những chuyện nghiêm trọng nữa.
	外出をかたく(=絶対に)禁ずる。	Going out is prohibited. Nghiêm cấm tuyệt đối đi ra ngoài.
明(あか)るい	明るいブルー (↔暗い)	light blue Màu xanh tươi sáng
	明るい性格(↔暗い)	cheerful personality Tính cách cởi mở/vui vẻ
	明るい声 (↔暗い)	cheerful voice Giọng nói vui vẻ/hồ hởi/tươi vui
	彼は政治に明るい(=詳(くわ)しい)。	He knows a lot about politics. Anh ấy am hiểu về chính trị.
	今後の見通しが明るい。(↔暗い)	The prospect is very good. Dự đoán tương lai sau này rất tươi sáng.

重い(おも)	酸素(さんそ)は水素(すいそ)より重い。	Oxygen is heavier than hydrogen. Oxi nặng hơn hidro.
	この自転車のペダルは重い。	This bicycle feels heavy. Cái bàn đạp của xe đạp này nặng.
	重い(=重要な)地位につく	assume an important position Đảm đương vị trí quan trọng
	寝不足で頭が重い(=すっきりしない)。	My brain isn't working well due to lack of sleep. Do thiếu ngủ nên thấy nặng đầu.
	パソコンの動きが重い(=遅い)。	This PC is slow. Máy tính chạy chậm rì.
	その仕事を断るのは気が重い(=憂(ゆう)うつだ)。	I am reluctant to turn down the job. Cảm thấy nặng nề khi từ chối công việc đó.
	今日の会議の内容は重かった(=深刻だった)。	The contents of today's meeting were serious. Nội dung cuộc họp hôm nay khá nặng nề/nghiêm trọng.
まずい	対応(たいおう)がまずい(=よくない)	deal with ... very poorly Ứng phó quá tệ
	彼は性格はいいが顔がまずい(=不細工だ)。	He has a nice personality but he is not very handsome. Anh ấy tính tình thì tốt nhưng lại xấu trai.
	彼の歌はまずい(=下手だ)。	He sings very poorly. Anh ấy hát dở.
	人に聞かれるとまずい(=都合が悪い)。	I don't want anyone to hear this. Lỡ bị ai đó nghe được thì tiêu.
	まずい(=都合が悪い)ことになった。	We're in trouble. Sự việc trở nên tồi tệ rồi.

練習 I 正しいほうに○を付けなさい。

① これからのローンの返済を考えると気が（a. 暗い　b. 重い）。

② この仕事を（a. まずく　b. あまく）見ていると、あとで大変だよ。

③ 彼にそのように言ったのは非常に（a. 重かった　b. まずかった）。

④ やっと不況を脱(だっ)したようで、今後の景気の見通しは（a. かたい　b. 明るい）。

⑤ タバコをやめようと（a. かたく　b. 重く）決心をした。

⑥「大もうけできますよ」という（a. 甘い　b. 明るい）誘(さそ)いにのって、全財産を失ってしまった。

練習 II（　　）にはどれが入りますか。一つ選びなさい。

⑦ 彼は、頭が（　　　）から、自分の意見を変えないでしょう。

1　重い　　2　かたい　　3　暗い　　4　まずい

⑧ 我(わ)が社は今回の事故(じこ)を（　　　）受け止め、再発防止に努めます。

1　かたく　　2　重く　　3　高く　　4　甘く

▶答えは p.111、正解文の読みは別冊 p.12

p.107 の答え：I－①a　②b　③a　④a　⑤a　⑥b　II－⑦1　⑧3

強(つよ)い・ばか・あと

学習日
月　日(　)

Q.（　）に入るのは？
事故(じこ)が（　　）を
絶たない。
後(あと)
根(ね)
波(なみ)
もう試験を受けるのは
やめようかな…
受験料もバカにならないし。

おぼえよう

強(つよ)い	ひもを強く(＝きつく)結ぶ	tie the rope tightly Buộc thật chặt sợi dây	↔ゆるく
	この木は寒さに強い。	This tree is winter-hardy. Cây này chịu lạnh rất tốt.	↔弱い
	彼は意志(いし)が強い。	He has a strong will. Anh ấy có ý chí rất mạnh mẽ.	↔弱い
	兄は機械に強い(＝詳(くわ)しい)。	My brother knows a lot about machines. Anh tôi rất am hiểu về máy móc.	
	彼女は気が強い。	She is strong-minded. Cô ấy rất mạnh mẽ.	↔弱い
	今日は日差しが強い。	The sun is strong today. Hôm nay trời nắng gắt.	
	学生に強く注意する(＝厳(きび)しく)	give a strong warning to a student Nghiêm khắc nhắc nhở học sinh	
ばか(な) *「バカ」と書くことも多い	ばかなことをする	do a stupid thing Làm chuyện ngu ngốc	
	友人にばかにされる	be looked down on by one's friends Bị bạn bè đưa ra làm trò cười	
	交通費がばかにならない(＝軽視(けいし)できない)	transportation costs add up Không thể xem nhẹ chi phí đi lại được	
	自分だけがばかを見る(＝損をする)	waste time and money among others Chỉ có bản thân là bị thiệt thòi	
	ねじがばかになる(＝ゆるくなって使えない)	the screw won't hold Đinh ốc không dùng được nữa	
	今日はばかに(＝非常に)寒い。	It's so cold today. Hôm nay lạnh kinh khủng.	
	親ばか	a doting parent Ba mẹ cưng chiều con cái quá mức	
	専門ばか	person who knows nothing beyond his expertise Người chỉ biết chuyên môn của mình ngoài ra không biết gì hết	
	ばか力	great physical strength Sức mạnh hơn người	
	ばか正直	extreme honesty Thật thà quá mức	
あと	故郷(こきょう)を後にする	leave one's hometown Bỏ lại quê hương phía sau	
	彼の後をつける	follow him Đi theo sau anh ấy	
	面倒なことを後に回す	leave aside a troublesome task until later Để những việc phức tạp lại làm sau	
	入社はできたが、後が心配だ。	I got a job but I am not sure if I'll be able to do it. Vào được công ty rồi, nhưng lại lo không biết sau đó thế nào.	
	あと5分で始まる。	It'll start in 5 minutes. Còn 5 phút nữa là sẽ bắt đầu.	
	事故(じこ)が後を絶たない。(＝次々(つぎつぎ)に起こる)	There continue to be accidents. Tai nạn tiếp tục xảy ra không có điểm dừng.	
	社長の後(跡)を継(つ)ぐ	take over the president's position Kế thừa chức vụ giám đốc	
	後(＝残り)は来月払います。	I'll pay the rest next month. Phần còn lại sẽ trả vào tháng sau.	
	書き直した跡がある。	There are signs that it's been rewritten. Có dấu vết viết lại.	

根(ね)	雑草を根から抜く	pull out the weed with its root Nhổ cỏ tận gốc
	その問題の根は深い。	The root of the problem is deep. Gốc rễ của vấn đề đó rất sâu xa.
	歯の根	root of a tooth Chân răng
	息の根を止める	strangle someone Kết liễu, tận diệt, ngăn chặn hoàn toàn
	彼は根(=本来の性質)は正直だ。	He doesn't look it but he is honest. Bản chất anh ấy vốn trung thực.
	彼は昔のことを根に持っている。	He is bitter about what happened in the past. Anh ấy vẫn còn thù hận chuyện trong quá khứ.
波(なみ)	台風が近づいていて波が高い。	The waves are high because a typhoon is coming. Bão đang đến gần nên sóng rất cao.
	彼は感情に波がある(=感情の変化が大きい)。	He is moody. Anh ấy có tính khí thất thường.
	人の波(=大きな流れ)に押される	be jostled in a crowd Bị cuốn theo dòng người
	国際化の波に乗る(=傾向に従(したが)う)	follow the trend for internationalization Đi theo làn sóng quốc tế hóa

練習 I 正しいほうに○を付けなさい。

① 長い人生には、良(よ)いときと悪いときの（a. 根　b. 波）がある。

② 今日の授業は、（a. 重く　b. ばかに）難しかったね。

③ ホテルを（a. 後に回して　b. 後にして）、駅へ向かった。

④ 通うのはいいが、交通費がバカに（a. ならない　b. なる）。

⑤ その病原菌(びょうげんきん)の（a. ばか力　b. 息の根）を止める新薬が発明された。

⑥ 昔のことをいつまでも（a. 根に持つ　b. 後を継(つ)ぐ）のはやめましょう。

練習 II（　　）にはどれが入りますか。一つ選びなさい。

⑦ 警官は、その不審(ふしん)な男の（　　）。

1　後ろに回した　　2　後を継(つ)いだ　　3　後をつけた　　4　後にした

⑧ 正直者が（　　）社会であるべきだ。

1　バカになる　　2　バカにならない　　3　バカをみる　　4　バカをみない

▶答えは p.113、正解文の読みは別冊 p.12

p.109 の答え：I －①b　②b　③b　④b　⑤a　⑥a　II －⑦2　⑧2

意味が多い言葉を覚えよう

先(さき)・道(みち)・種(たね)

学習日　月　日(　)

Q. (　)に入るのは？
その小説の(　　)を
教えてください。

道(みち)
種(たね)
筋(すじ)
この文は「先(さき)」を入れても意味が通じますね。

おぼえよう

あたり	この辺り(=辺)は民家が多い。	There are a lot of houses around here. Quanh đây có nhiều nhà dân.
	今月の末辺り(=ごろ)に、両親が来る。	My parents will come toward the end of this month. Bố mẹ tôi sẽ đến vào khoảng cuối tháng này.
	風当たりが強い	be windy, be severely criticized Gió quật mạnh/ Bão dư luận mạnh mẽ
	人当たりのいい人	friendly person Người thân thiện
	当たり(=見当)をつける	make a guess Suy đoán
	その映画は大当たり(=大成功(だいせいこう))だった。	The movie was a big hit. Bộ phim đó đã thành công vang dội.
	くじに当たった(=当選した)。	I won a prize in a lottery. Trúng vé số.
筋(すじ)	足の筋を痛める	injure a tendon in my leg Đau cơ chân
	筋の多い肉	tough meat Thịt nhiều gân
	爪(つめ)に白い筋(=線)が入っている。	There is a white line on a nail. Có đường sọc trắng trên móng tay.
	野菜の筋を取る	cut off the tough parts of vegetables Tước bỏ phần xơ của rau
	筋(=血管)が浮いて見える腕	an arm that vains protrude Cánh tay nổi nhiều gân máu
	筋(=素質(そしつ))がいいから、上達が早そうだ。	You've got talent so you will improve soon. Vì có tố chất tốt nên sẽ tiến bộ nhanh thôi.
	筋の通った話　a reasonable story Câu chuyện có lý có tình	物語の筋　plot Cốt truyện
先(さき)	トンボが指の先に止まる。	Dragonfly perches on the tip of a finger. Chuồn chuồn đậu trên đầu ngón tay
	目的地を目指して先(=前)へ進む	move toward one's destination Nhắm theo đích đến tiến về phía trước
	話の先(=続き)を聞かせてください。	Let me hear the rest of the story. Hãy kể phần tiếp theo của câu chuyện đi.
	名簿(めいぼ)の先(=はじめ)のほうに名前が出ている。	My name appears early in the list. Tên nằm ở phía đầu danh sách.
	先に(=以前)お知らせしたとおり……	As I informed you earlier, ... Như đã thông báo từ trước…
	先(=将来)のことはわからない。	I have no idea what is coming next. Không biết chuyện gì ở phía trước. / Không biết được tương lai.
	食事代を先に(=食事の前に)払う	pay in advance for the meal Trả tiền trước cho bữa ăn
	先を争って電車から降りる	push one's way through to the front when getting off the train Tranh nhau chen lên phía trước để bước xuống tàu điện
	行き先　one's destination/whereabouts Điểm đến/Đích đến	取引先　business connection Đối tác

道（みち）	分かれ道を右に行く	take the road to the right at a junction Rẽ phải ngay ngã rẽ
	合格への道は険しい。	The path to a good school is tough. Con đường để thi đậu rất là khó khăn.
	お金の使い道(=使う方法)を考える	think how to use money Suy nghĩ về cách sử dụng tiền bạc
	人の道に外れる	stray from the right path Lầm đường lạc lối (làm chuyện trái với luân thường đạo lý)
	彼はその道(=分野)の権威だ。	He is an authority in the area. Anh ấy rất có uy trong lĩnh vực đó.
	仏の道を説く	preach Buddha's teaching Thuyết giáo về Phật pháp
種（たね）	種をまく	seed　Gieo hạt
	悩みの種	the cause of a headache Nguyên nhân của sự phiền não
	すしの種(=材料)	materials used for making sushi Nguyên liệu làm sushi ＊「タネ」とカタカナで書くことも多い。「ネタ」とも言う。
	話の種	a conversation topic Chủ đề của buổi nói chuyện
	手品の種(=仕掛け)を明かす	reveal a magic trick Giải mã các trò ảo thuật

練習 I　正しいほうに○を付けなさい。

① 首相はきちんと（a. 筋の入った　b. 筋の通った）説明をした。

② 天候に恵まれて、工事はだいぶ（a. 先へ　b. 道を）進んだ。

③（a. 話の先　b. 話の種）に、新しくできたレストランに食べに行ってみた。

④ 犯人の（a. 筋　b. 当たり）をつけて、捜査を開始した。

⑤ 君は（a. 筋　b. 人当たり）がいいから、すぐに試合に出ることができるだろう。

⑥ 一人前の医者になるまでの（a. 道　b. 筋）は長いですよ。

練習 II　（　　）にはどれが入りますか。一つ選びなさい。

⑦ ラッシュアワーの時間、乗客は（　　）を争って電車に乗ったり降りたりしている。

1　先　　2　道　　3　筋　　4　当たり

⑧ 彼は、覚醒剤に手を出すという、人の（　　）に外れたことをした。

1　先　　2　筋　　3　種　　4　道

▶答えは p.115、正解文の読みは別冊 p.13

p.111 の答え：I －①b　②b　③b　④a　⑤b　⑥a　　II －⑦3　⑧4

第6週 7日目

意味が多い言葉を覚えよう

復習＋もっと

学習日　月　日（　）

Q. 説明に最も合う言葉を、a・b・c　から一つ選びなさい。（答えは p.118）

1日目

▶p.102,103

1．言ってはいけないことや、言う必要のないことなどを思わず言ってしまう

a　□にのる　　b　□をはさむ　　c　□がすべる

2．会社などをやめさせられそうになった人が、そうならずに済む

a　首が回る　　b　首がつながる　　c　首が飛ぶ

2日目

▶p.104,105

1．親や祖先（そせん）の血筋（ちすじ）を受け継（つ）いでいる

a　血を引く　　b　筋（すじ）を通す　　c　身を引く

2．いい気になって軽率（けいそつ）な行動をとる

a　気分が乗る　　b　調子に乗る　　c　その手に乗る

3日目

▶p.106,107

1．たとえば、規則（きそく）で出場停止となっていたような処分（しょぶん）が終わることを言う

a　処分を見送る　　b　処分が飛ぶ　　c　処分が解ける

2．緊張（きんちょう）して、気持ちが引きしまる

a　気がとける　　b　気がとぶ　　c　気がはる

4日目

▶p.108,109

1．しっかりした心構（こころがま）えができていない考え

a　あまい考え　　b　ゆるい考え　　c　おそい考え

2．政治のことを、よく知っていたり、経験が豊富（ほうふ）な様子

a　政治にしぶい　　b　政治にからい　　c　政治にあかるい

5日目

▶p.110,111

1．わが子かわいさのあまり、自慢(じまん)したり、過保護(かほご)になったりして、他人から見ると愚(おろ)かに思えることをしたり、言ったりすること

a　親ごころ　　b　親ばか　　c　親おもい

2．いつまでもなくならない、また終わらずにずっと続いている様子

a　あとを絶(た)たない　　b　あとに回す　　c　あとを継(つ)ぐ

6日目

▶p.112,113

1．才能や見込(みこ)みがある、また感覚や感性が優(すぐ)れている様子

a　道がいい　　b　種がいい　　c　筋がいい

2．人に与(あた)える感じや印象(いんしょう)のこと

a　人まわり　　b　人さわり　　c　人あたり　　〈注〉正解以外の言葉は存在しません。

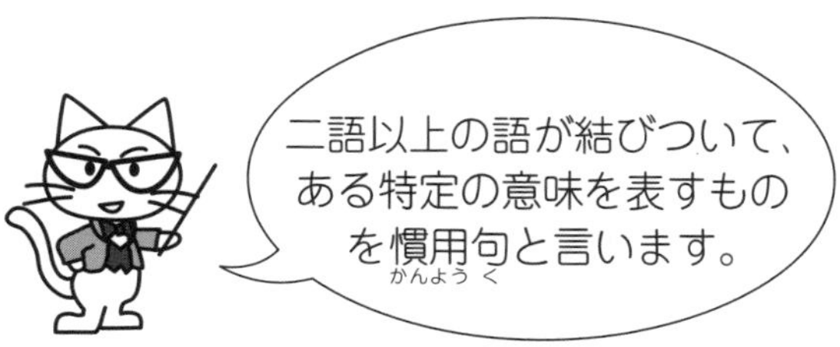

二語以上の語が結びついて、ある特定の意味を表すものを慣用句(かんようく)と言います。

あなたは先生の悩(なや)みの種(たね)ね。

もっと覚えよう　*よく使う慣用句*

水(みず)に流(なが)す	forgive and forget Xả vào nước	過去のことは水に流そう。
棒(ぼう)に振(ふ)る	waste Lãng phí hết công sức	彼はその事件で人生を棒に振った。
図(ず)に乗(の)る	get carried away Làm phách	弟はほめられて図に乗っている。
棚(たな)に上(あ)げる	blind to one's shortcomings Lơ đi điểm xấu của mình	彼女は自分のことを棚に上げて人を非難する。
羽(はね)を伸(の)ばす	let one’s hair down Vui chơi thoải mái	休みを取って、羽を伸ばしたい。
音(ね)を上(あ)げる	give up Chịu thua yếu ớt, chịu khuất phục	練習の厳しさに音を上げた。
さじを投(な)げる	throw in the towel Chịu thua, bó tay, rút về không làm	回復の見込みがないと医者にさじを投げられた。

p.113の答え：Ⅰ－①b　②a　③b　④b　⑤a　⑥a　Ⅱ－⑦1　⑧4

月　日（　）

まとめの問題

制限時間：20分
1問5点×20問
答えはp.118
正解文の読みと解説は別冊p.13

点数
／100

問題1　（　）に入れるのに最も良いものを、1・2・3・4から一つ選びなさい。

1 彼は、芸能界の話題にとても（　　）。

1　明るい　　2　あまい　　3　かたい　　4　重い

2 彼女は、口は悪いけど（　　）はやさしい人ですよ。

1　種　　2　根　　3　身　　4　実

3 息子は、頭が少し（　　）。頑固な父親にそっくりだ。

1　かたい　　2　軽い　　3　あまい　　4　強い

4 うまい話に（　　）ように気をつけよう。

1　受けない　　2　乗らない　　3　すべらない　　4　通らない

5 何回も振り込みをすると、手数料が（　　）。

1　バカになる　　2　バカにならない　　3　バカをみる　　4　バカをみない

6 もう遅いので、後は明日に（　　）今日は帰りましょう。

1　つながって　　2　回して　　3　引いて　　4　通して

7 もう少しスピードを出していたら、大事故に（　　）ところだった。

1　回る　　2　引かれる　　3　つながる　　4　結ぶ

8 妻は、私が昔、浮気をしたことを、いまだに（　　）に持っているようだ。

1　根　　2　気　　3　頭　　4　種

9 子どもの学費の支払いでボーナスが（　　）しまった。

1　送って　　2　すべって　　3　結んで　　4　飛んで

10 親友が詐欺で逮捕されて、とてもショックを（　　）。

1　持った　　2　受けた　　3　あたった　　4　得た

問題2　次の言葉の使い方として最もよいものを、１・２・３・４から一つ選びなさい。

11 波

1　彼は授業の波に乗って、すらすら答えた。

2　その会社は不況の波を受けて、ついに倒産してしまった。

3　セールスマンの波に乗らないように気をつけてください。

4　台風の被害には波がいろいろある。

12 すべる

1　コップを手ですべって、落としてしまった。

2　つい、のどがすべってしまい、うそがばれてしまった。

3　湖水の上を白鳥がすべるように泳いでいる。

4　試験の時間にすべるように、落ち着いてください。

13 通る

1　彼の主張は、一応、筋が通っている。

2　彼は恋人の肩に手を通した。

3　車で駅まで通っていきましょう。

4　わからなかった問題がやっと通った。

14 飛ぶ

1　扇風（せんぷう）機で風が飛んで、涼しくなった。

2　暑さで氷が一気に飛んでしまった。

3　年とともに髪の毛が飛んで、はげてきた。

4　ブレーキランプのヒューズが飛んでしまった。

15 明るい

1　彼は、とても責任感の明るい人です。

2　私の父は、世界の地理に明るい。

3　この計算は明るい。

4　おじいちゃん、おばあちゃんは孫に明るいものだ。

問題3 ＿＿＿の言葉に意味が最も近いものを、１・２・３・４から一つ選びなさい。

[16] ここでは<u>都合が悪い</u>から、別の場所で話そう。

1 重い　　2 かたい　　3 あまい　　4 まずい

[17] 彼は、<u>自分からやめて</u>、後輩に仕事を譲(ゆず)った。

1 身を引いて　　2 話をつけて　　3 調子を下げて　　4 筋を通して

[18] 手品の<u>仕掛け</u>がばれた。

1 波　　2 道　　3 根　　4 種

[19] わがチームの優勝は<u>間違いない</u>でしょう。

1 明るい　　2 かたい　　3 強い　　4 重い

[20] 授業料のことを考えると<u>憂うつ</u>だ。

1 頭が重い　　2 気が重い　　3 心にかかる　　4 思いが強い

復習（p.114～115）の答え：

[1日目] 1. c　2. b　[2日目] 1. a　2. b　[3日目] 1. c　2. c

[4日目] 1. a　2. c　[5日目] 1. b　2. a　[6日目] 1. c　2. c

まとめの問題（p.116～118）の答え：

問題１　[1] 1　[2] 2　[3] 1　[4] 2　[5] 2　[6] 2　[7] 3　[8] 1　[9] 4　[10] 2

問題２　[11] 2　[12] 3　[13] 1　[14] 4　[15] 2

問題３　[16] 4　[17] 1　[18] 4　[19] 2　[20] 2

第7週

まとめて覚(おぼ)えよう①

第7週 1日目

まとめて覚えよう①

カタカナ①

学習日　　月　　日(　)

Q. (　　)に入るのは？
父の(　　　)を使って就職(しゅうしょく)した。

カタカナ語はスマホ(smart phone)のように短くする場合がよくあります。また、英語だけでなく、いろいろな言語から来ている言葉があるので注意しましょう。

おぼえよう　省略に注意

ハイテク	わが国はハイテク産業に力を入れている。	Our country puts a lot of effort and money into high-technology industries. Đất nước của chúng tôi đang ra sức đầu tư cho các ngành công nghiệp công nghệ cao.	
リストラ	不景気でリストラされる	get laid off in bad economy Bị giảm biên chế do khủng hoảng kinh tế	＊日本語では会社の経営改革(けいえいかいかく)などのために会社をやめさせられることを「リストラされる」という。
コネ	コネを使う	use one's connection Sử dụng mối quan hệ	
セクハラ	セクハラを受ける	be sexually harassed Bị quấy rối tình dục	＊日本語訳(やく)は「性的(せいてき)いやがらせ」
パワハラ	パワハラを受ける	be harassed in the workplace Bị quấy rối quyền lực	
マザコン	彼はマザコンだ。	He is a mama's boy. Cậu ta là đứa con trai bám mẹ.	
ファザコン	彼女はファザコンだ。	She is a papa's girl. Cô ấy là một người yêu và bám cha.	
ゼネコン	大手ゼネコン	a major construction firm Công ty xây dựng hàng đầu / có quy mô lớn	
	ゼネコン業界(ぎょうかい)	a construction industry Ngành xây dựng	
プレゼン	会議でプレゼンをする	present one's plan/work in a meeting Thuyết trình tại cuộc họp	＊プレゼンテーションとも言う。
バイオ	バイオ研究	biotechnology research Nghiên cứu về công nghệ sinh học	＊バイオテクノロジーとも言う。
ハンデ	ハンデを克服(こくふく)する	succeed in spite of having a handicap Khắc phục khó khăn	
	ハンデをもらう	be given an advantage for a game Được ưu tiên / được chấp	
マンネリ	マンネリ化する	get into a rut Trở nên nhàm chán / Đơn điệu hóa	＊何度(なんど)も繰(く)り返(かえ)されて新鮮(しんせん)さを失(うしな)うという意味に使われる。
	マンネリに陥(おちい)る	get stuck in a rut Rơi vào vòng luẩn quẩn	
エコ	エコ生活	eco-friendly lifestyle Lối sống thân thiện với môi trường	
	エコグッズ	eco-friendly products Sản phẩm thân thiện với môi trường	
	エコカー	eco-friendly car Xe hơi thân thiện với môi trường	
ギャラ	ギャラが安い。	The guarantee is low. Tiền thù lao thấp	
インテリ	彼はインテリだ。	He's an intellectual. Anh ấy là người trí thức.	
セレブ	セレブな生活	celebrity life Cuộc sống sang chảnh	

もっと
おぼえよう　発音や意味に注意

切手マニア	serious stamp collector Người mê sưu tập tem	鉄道マニア	those who are crazy about trains Người mê đường sắt
電気ドリル	a electric drill Máy khoan điện	学習ドリル	workbook Tài liệu luyện tập
レントゲンを撮(と)る	have an X-ray taken Chụp X quang	ピンセットでつまむ	pick it up with a pair of tweezers Gắp bằng cái nhíp
シックなデザイン	chic/stylish design Thiết kế lịch thiệp	ガーゼを当てる	put gauze on ... Đắp băng gạc lên
アフターサービス	after-sales service　Dịch vụ hậu mãi	アフターケア	aftercare, after-sales service Chăm sóc hậu mãi
時間にルーズな人	a person who is not punctual Người không tuân thủ giờ giấc	話がスムーズに進む	the plan develops smoothly Câu chuyện diễn ra suôn sẻ
資金カンパ	a financial contribution Quyên góp vốn	一人500円ずつカンパする	contribute 500 yen each Mỗi người quyên góp 500 yên
ハイネック タートルネック	a high-necked shirt/sweater, a turtleneck shirt/sweater Áo cổ cao, áo cổ lọ	予算がネックになっている	be not possible due to a budgetary deficit Ngân sách đang gặp khó khăn
後継者(こうけいしゃ)にバトンタッチする	pass the baton to a successor Truyền lại cho người kế nhiệm		
ホースで庭に水をまく	water the garden with a hose Tưới nước trong vườn bằng ống dẫn		

練習 I 正しいほうに○を付けなさい。

① 彼が（a. カンニング　b. マンネリ）したのは明白だ。

② 会議でモニターを使って（a. カンパ　b. プレゼン）をした。

③ これは、（a. エコ　b. バイオ）の技術を利用して作った害虫に強い野菜です。

④ 会社を（a. セクハラ　b. リストラ）されたらどうしよう。

⑤ 彼は時間に（a. スムーズ　b. ルーズ）な人間だ。

⑥ エコカーには（a. ゼネコン　b. ハイテク）技術がたくさん使われている。

練習 II （　　）にはどれが入りますか。一つ選びなさい。

⑦ いいマンションだが、交通の便の悪さが（　　　）になって、なかなか借り手がいない。

1　タートルネック　　2　シック　　3　ネック　　4　ハンデ

⑧ ハリウッドスターの（　　　）はとても高い。

1　ハンデ　　2　プレゼン　　3　コネ　　4　ギャラ

▶答えは p.123、正解文の読みは別冊 p.14

まとめて覚えよう①

カタカナ②

学習日　月　日(　)

Q.（　　）に入るのは？
これは、（　　）な素材でできているので、扱いに注意してください。

タイト
ブランド
デリケート
外来語はもとの外国語の意味と違う使い方をしているものも多いので注意が必要です。

おぼえよう　使い方に注意

アットホーム(な)	アットホームな雰囲気のレストラン	a cozy restaurant Nhà hàng có không khí thoải mái như ở nhà
ラフ(な)	ラフ(=カジュアル)な服装	a casual outfit Trang phục đơn giản/bình thường
	ラフな図面	a rough draft Bản vẽ phác thảo
ソフト(な)	ソフトな話し方	a gentle way of speaking Cách nói chuyện nhẹ nhàng
	ソフト（=ソフトウェア）	software　Phần mềm
タイト(な)	タイトスカート	a tight/straight skirt　Váy ôm sát
	タイトなスケジュール	a tight schedule　Lịch trình kín mít / sít sao
シャープ(な)	シャープな画像	a clear picture　Hình ảnh sắc nét
	シャープな頭脳	a sharp mind　Đầu óc sắc sảo / Thông minh
デリケート(な)	デリケートな神経	being easily upset/oversensitive Thần kinh yếu
	デリケートな問題	a delicate issue Vấn đề nhạy cảm
セキュリティー	セキュリティーがしっかりしている	have tight security An ninh được thắt chặt
エスカレーター	エスカレーター式(=入学試験なしに)に進学できる学校	multilevel school where students can move freely to the next level without further screening　Trường theo cơ chế lên thẳng, nơi học sinh lên lớp mà không cần thi đầu vào
ノルマ	仕事のノルマをこなす	fulfill one's quota Hoàn thành định mức công việc
ブレイク(する)	コーヒーブレイク	a coffee break Nghỉ giải lao
	その曲は去年大ブレイクした。	The song was a monster hit last year. Ca khúc đó năm ngoái đã tạo nên một cú hích lớn.
トラウマ	子どもの頃の体験がトラウマになる。	be traumatized by a childhood experience Trải nghiệm khi còn nhỏ sẽ trở thành nỗi ám ảnh
ゲット(する)	それ、どこでゲットしたの？	Where did you get that? Cái đó bạn lấy ở đâu vậy?
アルコール	私はアルコールは全くだめです。	I can't drink alcohol. Tôi hoàn toàn không uống được thức uống có cồn.
オファー(する)	オファーが来る	be offered ...　Nhận được lời đề nghị
ブランド	ブランド品	designer goods　Hàng hiệu
オプション	市内観光はオプションになっている。	The city tour is optional. Tham quan trong thành phố là tùy chọn.

テンション	テンションが上がる	one's excitement level goes up Hào hứng hẳn lên
プレッシャー	プレッシャーがかかる	be pressured Bị áp lực
ギャップ	世代間のギャップ	a generation gap Khoảng cách thế hệ
バブル	バブル(経済)がはじける	the bubble bursts Nền kinh tế bong bóng bùng nổ
ストーカー	ストーカーに悩む	be stalked Phiền não vì bị đeo bám
エリート	エリート社員	an elite employee Nhân viên ưu tú
リフォーム	家をリフォームする	remodel a house Cải tạo nhà
バリアフリー	バリアフリーの家	a barrier-free house Nhà có thiết kế thuận tiện cho người già và người khuyết tật
ニート	a NEET (a person not in employment, education or training) Người không đi làm hay đi học	

練習 I 正しいほうに○を付けなさい。

① 彼女は、顔と声にずいぶん（a. シャープ　b. ギャップ）があるね。

②（a. バブルがはじけて　b. ブレイクして）、経済は落ち込んだ。

③（a. タイトな　b. ラフな）格好で行ってもいいでしょうか。

④ 優勝のかかった最後の試合だから、かなりの（a. トラウマ　b. プレッシャー）だ。

⑤（a. セキュリティー　b. アフターサービス）対策（たいさく）は十分にしてあります。

⑥ ふかふかで（a. アットホーム　b. ソフト）な肌触りの毛布を買った。

練習 II（　）にはどれが入りますか。一つ選びなさい。

⑦ 新型の車両は、より（　　）なデザインになった。

1　シャープ　　2　エリート　　3　タイト　　4　ラフ

⑧（　　）があまりにもきつかったので、営業の仕事をやめました。

1　オファー　　2　ノルマ　　3　ストーカー　　4　トラウマ

▶答えは p.125、正解文の読みは別冊 p.14

p.121 の答え：I－①a　②b　③b　④b　⑤b　⑥b　II－⑦3　⑧4

まとめて覚えよう①

カタカナ③

学習日　　月　　日(　)

Q. 何と言う？
大学の単位を落として、
一年(　　　)しまった。

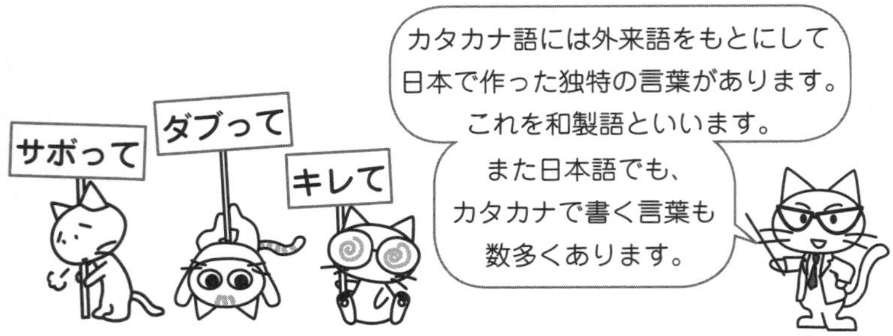

サボって
ダブって
キレて
カタカナ語には外来語をもとにして
日本で作った独特の言葉があります。
これを和製語といいます。
また日本語でも、
カタカナで書く言葉も
数多くあります。

おぼえよう　日本でできたカタカナ語

オイルショック	an oil crisis Khủng hoảng dầu mỏ	ゴールデンタイム	prime time Giờ vàng/Thời hoàng kim
オーダーメイド	custom-made Hàng đặt làm	バージョンアップ(する)	upgrade Nâng cấp phần mềm
グレードアップ(する)	upgrade, improve Nâng cấp	ヘルスメーター	a scale　Cân sức khỏe
ペアルック	matching clothes Áo cặp/Áo đôi	ソーラーシステム	solar (heating) system　Hệ thống sử dụng năng lượng mặt trời
ベッドタウン	a bedroom town　Thành phố vệ tinh (tập trung khu nhà ở cho người đi làm xa)	リップサービス(する)	pay lip service Lời nói đầu môi chót lưỡi/Đãi bôi
サラ金(きん)	a loan shark Cho vay nặng lãi	アダルトサイト	an adult site Trang web dành cho người lớn
ユニットバス	a modular bath Nhà tắm đồng nhất (Nhà tắm có bồn tắm, sàn, tường và vách được làm sẵn và chỉ cần ráp lại khi xây dựng)		

ワンパターン(な)	ワンパターンな人間	a person with a one-track mind Người đơn điệu	＊変化(へんか)がなく、面白(おもしろ)みがないこと
フリーター	job-hopping part-time worker Người làm nghề tự do	＊正社員(せいしゃいん)ではなく臨時的(りんじてき)に雇(やと)われて働いている人	
Uターン(する)	車をUターンさせる	make a U-turn Quay đầu xe lại	
	Uターン現象	the phenomenon of many people returning to live in their home towns　Hiện tượng hồi hương (quay lại quê nhà làm việc)	＊都会(とかい)に出た人が故郷(こきょう)に戻(もど)ることを言う。
プラスアルファ ＊＋αと書くことも多い。	報酬(ほうしゅう)は10万円プラスアルファになるだろう。	Your pay will be 100,000 yen and a little more. Có lẽ thù lao sẽ là100 ngàn yên có cộng thêm (100.000 ++).	
ペーパードライバー	私はペーパードライバーです。	I have a driver's license but don't drive.　Tôi là tài xế trên giấy tờ (có bằng lái nhưng không lái xe).	
スリーサイズ	＊バスト·ウェスト·ヒップの3つの部分(ぶぶん)の寸法(すんぽう) three measurements for bust, waist, and hip　Số đo của 3 vòng: ngực, eo, mông		
サイドビジネス (＝副業(ふくぎょう))	その俳優(はいゆう)はサイドビジネスでレストランを経営している。	The actor runs a restaurant on the side. Nữ diễn viên đó còn có nghề tay trái là kinh doanh nhà hàng.	
プラス ⇅マイナス	物事をプラスに考える	think positively Suy nghĩ mọi chuyện theo hướng tích cực	
	収支がマイナスになる	the balance shows a deficit Thu chi bị lỗ	
	マイナス材料	adverse factor Nguyên liệu gây hại	
ゴールイン(する)	1着でゴールインする	come in first Về đích ở vị trí thứ nhất	
	彼らは来春ゴールインする。	They will get married in the spring next year. Họ sẽ lấy nhau vào mùa xuân tới.	

満(まん)タン	ガソリンを満タンにする	fill up the tank Đổ đầy xăng	
ダブる	文字がダブって(=重なって)見える	letters look blurry Chữ nhập nhằng, bị chồng lên	
	単位を落として1年ダブる(=留年(りゅうねん)する)	repeat a grade as a result of failing a course Bị rớt tín chỉ nên phải học lại 1 năm	
	＊ダブル(double)を動詞化した語		
サボる	仕事をサボる	not show up at work without a proper reason Trốn việc	
キレる	彼は突然キレて、怒り出した。	He suddenly lost his temper and got very upset. Anh ấy đột nhiên mất bình tĩnh và nổi giận.	
	＊人が突然、感情的になって何をするか分からないような状態(じょうたい)になることを言う。		
ヤバい	ヤバい仕事(=危ない)	a dubious job Công việc nguy hiểm	
	時間に遅れるとヤバい(=まずい、困る)	I'll be in trouble if I am late. Trễ giờ là gay go lắm.	
ドジる〈俗語(ぞくご)〉	ドジを踏む(=危ない)	making a blunder Phạm lỗi ngớ ngẩn	➔ドジ(N)

練習 I 正しいほうに○を付けなさい。

① 注意したら、彼は突然（a. キレた　b. サボった）。

② ぼくは、自分の英語力を（a. プラスアルファ　b. グレードアップ）したい。

③ スリーサイズを計(はか)って（a. ワンパターン　b. オーダーメイド）のスーツを作った。

④ 私は不運な経験が多いせいか、物事を（a. プラス　b. マイナス）に考えられなくなっています。

⑤ 彼女が２歳年下の医師と来春（a. Uターン　b. ゴールイン）するという記事が雑誌に載(の)っていた。

⑥ 私は休日に、本業とは全く別の（a. フリーター　b. サイドビジネス）をしています。

練習 II（　　）にはどれが入りますか。一つ選びなさい。

⑦ ご購入(こうにゅう)いただいた方には、さらに（　　）の特典(とくてん)が付きますよ。

1　ゴールデンタイム　2　プラスアルファ　3　ゴールイン　4　リップサービス

⑧ ３人に２人は、同じ本を（　　）買ってしまったという経験があるそうだ。

1　ダブって　2　マジで　3　キレて　4　サボって

▶答えは p.127、正解文の読みは別冊 p.14

p.123 の答え：Ⅰ－①b　②a　③b　④b　⑤a　⑥b　Ⅱ－⑦1　⑧2

まとめて覚えよう①

組み合わせの言葉①

学習日　月　日（　）

おぼえよう

受け継ぐ	財産を受け継ぐ	inherit property Thừa kế tài sản	
受け入れる	提案を受け入れる	accept a proposal Chấp nhận đề xuất / đề án	➲受け入れ(N)
受け止める	ボールを受け止める	catch a ball Bắt bóng	
	事実を受け止める	accept reality Chấp nhận sự thật	
取り締まる	交通違反を取り締まる	exercise strict control over traffic regulation violations　Giám sát chặt chẽ hành vi vi phạm giao thông	➲取り締まり(N)
取り次ぐ	電話を取り次ぐ	take a message on the phone Chuyển lời nhắn điện thoại	➲取り次ぎ(N)
取り戻す	盗まれた宝石を取り戻す	retrieve stolen jewelry Lấy lại viên đá quý bị lấy cắp	
	遅れを取り戻す	catch up Đuổi kịp/Bắt kịp	
取り囲む 取り巻く	記者が首相の周りを取り囲む。	The press people surround the prime minister. Phóng viên vây quanh thủ tướng	
取り調べる	容疑者を取り調べる	interrogate a suspect Điều tra nghi phạm	➲取り調べ(N)
取り立てる	税金を取り立てる	collect tax Trưng thu thuế	➲取り立て(N)
取り混ぜる	大小取り混ぜる	mix various sizes Trộn lẫn các kích cỡ	
取り寄せる	カタログを取り寄せる	order the catalogu Yêu cầu gửi catalogue	➲取り寄せ(N)
取り引き(する)	会社と取り引きする	do a business with a company Giao dịch/Làm ăn với công ty	
引き起こす	事件を引き起こす	provoke an incident Gây ra tai nạn/sự cố	
引き下げる	利率を引き下げる	bring down interest rates Giảm lãi suất	↔引き上げる
引き立てる	後輩を引き立てる	try to make one's junior look good Nâng đỡ/Đề bạt đàn em	
引き継ぐ	家業を引き継ぐ	succeed to the family business Tiếp quản công việc kinh doanh của gia đình	➲引き継ぎ(N)
申し入れる	抗議を申し入れる	protest against ... Đưa ra kháng nghị	➲申し入れ(N)
申し出る	援助を申し出る	offer aid Yêu cầu/Đề nghị viện trợ	➲申し出(N)
追い出す	アパートを追い出される	be kicked out of an apartment Bị đuổi ra khỏi căn hộ	
追い込む	窮地に追い込まれる	get into an awful predicament Bị dồn vào bước đường cùng	

立ち寄る	友人の家に立ち寄る	drop by a friend's house Ghé qua/Tạt ngang nhà bạn	
立ち去る	その場を立ち去る	leave the spot Rời khỏi nơi đó/Bỏ đi	
打ち明ける	悩みを打ち明ける	tell someone about one's troubles Bày tỏ nỗi phiền muộn	
打ち切る	雑誌の販売を打ち切る	discontinue sales of a magazine Ngừng việc bán tạp chí	➲打ち切り(N)
打ち上げる	ロケットを打ち上げる	launch a rocket Phóng tên lửa	
➲打ち上げ(N)	仕事が終わったから、 打ち上げをしよう！	Since we are done with the job, let's have a party. Công việc đã xong rồi nên chúng ta mở tiệc mừng thôi nào!	
割り当てる	仕事を割り当てる	assign work Phân chia công việc	➲割り当て(N)
割り込む	列に割り込む	cut into the line Chen ngang vào hàng	
➲割り込み(N)	割り込み乗車	pushing one's way onto the train Chen lên xe	
読み上げる	名簿を読み上げる	call the roll Đọc tên trong danh sách	
読み取る	著者の言いたいことを読み取る	understand the author's intent Hiểu được điều tác giả muốn nói	

練習 I 正しいほうに○を付けなさい。

① 花火を（a. 打ち明けた　b. 打ち上げた）。

② 昨夜、友達に借りていたお金を強引に（a. 取り立てられた　b. 引き立てられた）。

③ 昨日、その通りで酔っ払い運転の（a. 追い出し　b. 取り締まり）をしていた。

④ 北海道から評判のチョコレート菓子を（a. 受けとめた　b. 取り寄せた）。

⑤ 友人に悩みを（a. 打ち明けた　b. 申し入れた）。

⑥ 一人の中年女性が列に（a. 割り当て　b. 割り込んで）きた。

練習 II（　　）にはどれが入りますか。一つ選びなさい。

⑦ その選手は事件を起こして、引退に（　　）。

1　受け止められた　　2　打ち切られた　　3　追い込まれた　　4　取り調べられた

⑧ ゴマ油がこの料理の味を（　　）いる。

1　引き上げて　　2　引きもどして　　3　引き起こして　　4　引き立てて

▶答えは p.129、正解文の読みは別冊 p.14

p.125 の答え：I－①a　②b　③b　④a　⑤b　⑥b　II－⑦2　⑧1

第7週
5日目

まとめて覚えよう①

組み合わせの言葉②

学習日
月　日(　)

Q. (　)に共通して入るのは？
買い(　　)
引っ(　　)
持ち(　　)
切る
張る
込む
これが終わったら、
居酒屋※で
打ち上げをしようよ。

※居酒屋
a Japanese pub
Quán nhậu kiểu Nhật

おぼえよう

取り込む	洗濯物を取り込む	take in the laundry Lấy đồ giặt vào	画像を取り込む	transfer digital pictures into ... Chuyển/Chèn hình ảnh vào
溶け込む	新しい職場に溶け込む	get used to a new workplace Hòa nhập vào chỗ làm mới		
組み込む	予算に組み込む	include it in the budget Bao gồm trong dự toán		
乗り込む	飛行機に乗り込む	board an airplane Lên máy bay	敵地に乗り込む	go into the enemy's territory Xông vào căn cứ địch
踏み込む	アクセルを踏み込む	step on the accelerator Nhấn/Đạp chân ga		
	他人の家庭事情に踏み込む	involve oneself in someone's family affairs Can thiệp/Xen vào chuyện nhà người khác		
放り込む	新聞を放り込む	throw a newspaper in ... Ném tờ báo vào		
	刑務所に放り込まれる	be sent to prison Bị cho vào tù		
打ち込む	パソコンにデータを打ち込む	input data to the (personal) computer Nhập dữ liệu vào máy tính		
	仕事に打ち込む	put one's heart and soul into one's work Vùi đầu vào công việc		
買い込む	缶詰を買い込む	stock canned food Mua trữ đồ hộp		
引っ込む	田舎に引っ込む	withdraw to the countryside Lui về quê sống/ Lui về ở ẩn		
落ち込む	成績が落ち込む	grades get worse Thành tích giảm sút		
	試合に負けて落ち込む	feel depressed after losing a game Thất vọng vì thua trong trận đấu		
持ち込む	飲食物をホテルに持ち込む	bring food into a hotel room Mang đồ ăn thức uống vào trong khách sạn	➔持ち込み(N)	
	苦情を持ち込む	file a complaint Phàn nàn/Than phiền		
飲み込む	つばを飲み込む	swallow saliva Nuốt nước bọt	こつを飲み込む	get the hang of it Hiểu rõ/Nắm rõ bí quyết
抜け出す	会社を抜け出す	slip out of the office Chuồn khỏi công ty/Trốn việc		
投げ出す 放り出す	事故で車から投げ出される	get thrown from a car in an accident Bị hất văng ra khỏi xe do tai nạn		
	仕事を中途で放り出す	quit in the middle of the task Bỏ công việc giữa chừng		
逃げ出す	その場から逃げ出す	run away from ... Chạy trốn khỏi nơi đó		

突(つ)っ張(ぱ)る	筋肉(きんにく)が突っ張る	have cramps Bị chuột rút
出(で)っ張(ぱ)る	腹が出っ張る	belly sticks out Bụng ưỡn ra
振(ふ)り返(かえ)る	後ろを振り返る（=振り向(む)く）	look over one's shoulder Ngoảnh lại phía sau
	少年時代を振り返る（≠振り向く）	look back on one's childhood Hồi tưởng lại thời niên thiếu
折(お)り返(かえ)す	袖(そで)を折り返す	turn one's sleeves up Xắn tay áo
	折り返し、お電話いたします。	I'll call you back. Tôi sẽ gọi lại sau.
かき回(まわ)す	砂糖(さとう)を入れてコーヒーをかき回す（=かき混(ま)ぜる）	mix sugar into one's coffee Bỏ đường vào rồi khuấy cho tan trong cà phê
	彼のせいで会議がかき回された。（≠かき混ぜる）	The meeting was thrown into chaos because of him. Cuộc họp bị loạn cả lên vì anh ta.
埋(う)め立(た)てる	海を埋め立てる	reclaim land from the sea Lấp biển
かみ切(き)る	この肉は固くてかみ切れない。	This meat is so tough that I can't bite through it. Thịt này dai quá không nhai nổi (không cắn đứt được).

練習 I　正しいほうに○を付けなさい。

① 首相は政権を途中で（a. 抜け出した　b. 投げ出した）。

② （a. 出(で)っ張(ぱ)った　b. 突(つ)っ張(ぱ)った）釘(くぎ)で服が破けてしまった。

③ 売り上げがどんどん（a. 引っ込んで　b. 落ち込んで）いる。

④ 名前を呼ばれて（a. 折り返したら　b. 振り返ったら）、山田さんだった。

⑤ ガムを口に（a. 持ち込んだ　b. 放り込んだ）。

⑥ 夜中にこっそり家を（a. 抜け出して　b. 放り出して）、遊びに行った。

練習 II　（　　）にはどれが入りますか。一つ選びなさい。

⑦ 彼は、ギターの練習に（　　）いる。

1　組み込んで　　2　取り込んで　　3　溶け込んで　　4　打ち込んで

⑧ このあたりは、海を（　　）作った土地だ。

1　埋め立てて　　2　埋め入れて　　3　乗り込んで　　4　乗り入れて

▶答えは p.131、正解文の読みは別冊 p.14

p.127 の答え：①b　②a　③b　④b　⑤a　⑥b　Ⅱ－⑦3　⑧4

まとめて覚えよう①

組み合わせの言葉③（くみあわせのことば）

学習日　　月　　日（　）

Q.（　　）に入るのは？
明日の仕事に（　　　）ので、夜更かしはやめよう。

たどり着く
差し支える
結びつく
日本語を使いこなすのは大変だー。

おぼえよう

差し出す（さしだす）	名刺を差し出す	give a name card Trao danh thiếp	➔差出人（さしだしにん） sender Người gửi
差し引く（さしひく）	給料から税金を差し引く	deduct tax from monthly pay Khấu trừ thuế vào tiền lương	
➔差し引き（さしひき）(N)	差し引きゼロ	what I spent and what I received cancel each other out Khấu trừ hết còn lại bằng không	
差し支える（さしつかえる）	夜更かしは翌日の仕事に差し支える。	Staying up late affects one's work the following day. Thức khuya sẽ ảnh hưởng đến công việc của ngày hôm sau.	
寄りかかる（よりかかる）	壁（かべ）に寄りかかる	lean against a wall Dựa vào tường	
寄り添う（よりそう）	寄り添って座る	sit together Ngồi sát nhau	
寄せ集める（よせあつめる）	ごみを寄せ集める	gather garbage Thu gom rác	➔寄せ集め（よせあつめ）(N)
押し切る（おしきる）	反対を押し切る	reject an objection Bất chấp sự phản đối	
押し込む（おしこむ）	乗客を電車に押し込む	push passengers into a train Dồn đẩy khách vào trong tàu điện	
押し寄せる（おしよせる）	波が押し寄せる	waves sweep toward ... Sóng đổ ập đến	
成り立つ（なりたつ）	交渉（こうしょう）が成り立つ	a negotiation is concluded Đàm phán được thông qua	
	経営が成り立たない	the business is unprofitable Kinh doanh không thành	
	この会は30人のメンバーから成り立っている。	This group consists of 30 members. Hội này được thành lập từ 30 thành viên.	
出直す（でなおす）	また出直して参ります。	I'll come again some other time. Tôi sẽ lại đến vào lần khác.	
	一から出直す	start all over again Làm lại từ đầu	➔出直し（でなおし）(N)
使いこなす（つかいこなす）	3ヵ国語を使いこなす	have a command of three languages Sử dụng thành thạo 3 thứ tiếng	
たどり着く（たどりつく）	頂上にたどり着く	reach the summit Đến được đỉnh	
結び付く（むすびつく）	努力が成功（せいこう）に結び付く	effort is rewarded with success Nỗ lực sẽ dẫn đến thành công	➔（～を）結び付ける（むすびつける）
着飾る（きかざる）	着飾ってパーティーに行く	go to a party all dressed up Chưng diện đi dự tiệc	
乗っ取る（のっとる）	会社を乗っ取る	take over a company Thâu tóm công ty	➔乗っ取り（のっとり）(N)
	飛行機を乗っ取る	hijack an aircraft Cướp máy bay	
消し去る（けしさる）	過去を消し去る	erase the past Xóa sạch quá khứ	

言い張る	知らないと言い張る(=言い通す)	insist that one doesn't know anything Khăng khăng nói không biết	
待ち望む	再会の日を待ち望む	long for the day when we'll to see each other again Mong đợi ngày gặp lại	
触れ合う	心が触れ合う	touch each other's hearts Đồng cảm/Thấu hiểu lẫn nhau	➔触れ合い(N)
切り替える	スイッチを切り替える	flip the switch Chuyển đổi công tắc	➔切り替え(N)
やり遂げる	計画をやり遂げる(=やり通す)	complete a plan Hoàn thành kế hoạch	
備え付ける	教室にテレビを備え付ける	install a TV in a classroom Lắp đặt/trang bị tivi trong phòng học	➔備え付け(N)
呼び止める	見知らぬ人に呼び止められる	be stopped by a stranger Bị người không quen biết gọi giật lại	
盛り上がる	腕の筋肉が盛り上がる	one's arm muscles bulge Gân ở tay nổi cuồn cuộn	
	宴会が盛り上がる	party becomes more lively Buổi tiệc náo nhiệt	

練習 I 正しいほうに○を付けなさい。

① 彼は、絶対やってないと（a. 言い込んだ　b. 言い張った）。

② 詐欺にあって、店を（a. 乗っ取られた　b. 差し出された）。

③ イルカが２匹、仲良く（a. 寄せ集めて　b. 寄り添って）泳いでいる。

④ 開店したら、大勢のお客さんが（a. 押し込んで　b. 押し寄せて）きた。

⑤ 彼は、医師の忠告を（a. 押し切って　b. 言い張って）試合に出た。

⑥ 客がいなければ商売は（a. 待ち望めない　b. 成り立たない）。

練習 II（　　）にはどれが入りますか。一つ選びなさい。

⑦ ついに問題集を丸々一冊（　　）。

1　寄せ集めた　　2　たどり着いた　　3　やりとげた　　4　盛り上がった

⑧ 気持ちを（　　）、さあ、また一から出直しだ。

1　使いこなして　　2　切り替えて　　3　消し去って　　4　折り返して

▶答えは p.133、正解文の読みは別冊 p.14 ～ 15

p.129 の答え：Ⅰ－①b　②a　③b　④b　⑤b　⑥a　Ⅱ－⑦4　⑧1

第7週 7日目

まとめて覚えよう①

復習＋もっと

学習日　月　日（　）

Q. 説明に最も合う言葉を、a・b・c　から一つ選びなさい。（答えは p.136）

1日目

▶p.120,121

1．商品を購入(こうにゅう)したあとの顧客(こきゃく)をフォローするために提供(ていきょう)すること

a　ケアプラン　　b　ケアサービス　　c　アフターサービス

2．ある物事(ものごと)に熱中している人

a　インテリ　　b　マニア　　c　マンネリ

2日目

▶p.122,123

1．映像(えいぞう)などが鮮明(せんめい)に映っている様子

a　スムーズな　　b　シャープな　　c　デリケートな

2．特定の個人に一方的な恋愛感情や恨(うら)みを持って、しつこく追いかけたりする人

a　ストーカー　　b　ニート　　c　フリーター

3日目

▶p.124,125

1．もう少し付け加えること、またその付け加えられたものを表す

a　グレードアップ　　b　オプション　　c　プラスアルファ

2．落第(らくだい)して留年(りゅうねん)する

a　キレる　　b　ダブる　　c　サボる

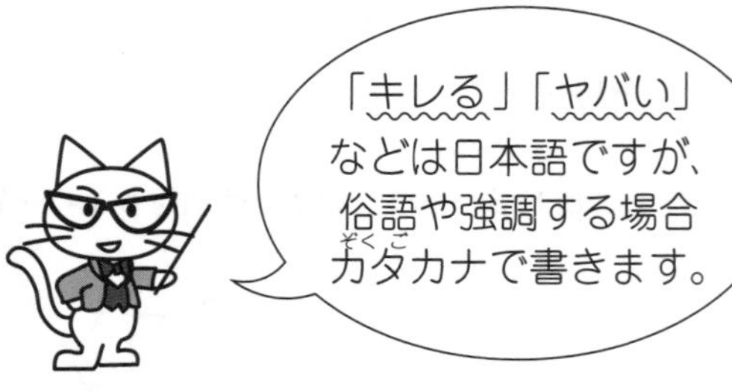
「キレる」「ヤバい」
などは日本語ですが、
俗語(ぞくご)や強調する場合
カタカナで書きます。

「ダメ」もそうだよね。

「バカ」もそうだよ。

4日目

▶p.126,127

1．「勢(いきお)いよく上げる」という意味から来て、仕事などの終わりを祝(いわ)う会のこと

a　打ち上げ　　b　引き上げ　　c　追い上げ

2．前の人が残した仕事などを引き受けて行う

a　取り次ぐ　　b　引き立てる　　c　引き継(つ)ぐ

5日目

▶p.128,129

1．一つのことに心を集中させる

a　乗り込む　　b　打ち込む　　c　突(つ)っ張(ぱ)る

2．例えば団体や会議などを、混乱させたり、もめ事(ごと)を生(しょう)じさせたりする

a　踏(ふ)み込む　　b　かき回す　　c　放(ほう)り出す

6日目

▶p.130,131

1．何かをすることによって、他の物事(ものごと)の進行の妨(さまた)げになるようなことが起こる

a　差(さ)し支(つか)える　　b　押し切る　　c　たどり着く

2．もう一度最初に戻(もど)って、改(あらた)めてやる

a　やりとげる　　b　切り替える　　c　出直(でなお)す

もっと覚えよう　＊元(もと)が英語ではないカタカナ語＊

フランス語から…仏　ドイツ語から…独　オランダ語から…蘭
英語を元にして作った日本でできた語…日　＊和製(わせい)英語と言う

仏	アンケート	survey Bảng câu hỏi	ジャンル	genre Thể loại	オードブル	appetizer Món khai vị
独	カルテ	medical chart Hồ sơ bệnh án	ノイローゼ	nervous breakdown Chứng loạn thần kinh chức năng	カプセル	capsule Viên con nhộng
蘭	ポンプ	pump Bơm	カテゴリー	category Loại	コック	cook Đầu bếp
日	ナイター	night game Trò chơi ban đêm	コンセント	outlet Ổ cắm điện	ベビーカー	stroller Xe đẩy em bé
	パトカー	police car Xe cảnh sát tuần tra	モーニングコール	wake-up call Cuộc gọi báo thức	レトルト	boil-in-the-bag food Thực phẩm chế biến sẵn trong túi nhôm

p.131 の答え：Ⅰ－①b　②a　③b　④b　⑤a　⑥b　Ⅱ－⑦3　⑧2

まとめて覚えよう①

月　日（　）

まとめの問題

制限時間：20分
1問5点×20問
答えは p.136
正解文の読みと解説は別冊 p.15～16

点数　／100

問題1　（　　）に入れるのに最もよいものを、1・2・3・4から一つ選びなさい。

1 そのバンドは、デビュー10年目で（　　　）した。

1　トラウマ　　2　ブランド　　3　リストラ　　4　ブレイク

2 私は、ふだんお酒を飲むと（　　　）があがるが、今日はまったく気分がよくならない。

1　テンション　　2　プレッシャー　　3　ギャップ　　4　グレード

3 警察は誘拐犯と、人質を解放させるための（　　　）をした。

1　取り締まり　　2　取り調べ　　3　取り引き　　4　引き立て

4 人気番組もあまり長く続くと（　　　）化してくるものだ。

1　マニア　　2　セレブ　　3　マイナス　　4　マンネリ

5 最近の携帯電話は機能が多くて、全部を（　　　）のは大変です。

1　備え付ける　　2　使いこなす　　3　取り調べる　　4　成り立つ

6 今週はスケジュールが（　　　）なので、映画に行くのは来週にしよう。

1　デリケート　　2　タイト　　3　マイナス　　4　ラフ

7 お近くにお越しの際は、ぜひ（　　　）ください。

1　お申し入れ　　2　お立ち寄り　　3　お持ち込み　　4　お取り寄せ

8 そのマラソン選手は、なぜか中間地点を（　　　）ところでコースを外れた。

1　たどり着いた　　2　やりとげた　　3　折り返した　　4　踏み込んだ

9 彼が変なことを言って（　　　）ので、楽しいパーティーが台無しになった。

1　差し支えた　　2　取り込んだ　　3　かみ切った　　4　かき回した

10 予算が（　　　）になって、その企画は会議を通らなかった。

1　ネック　　2　ルーズ　　3　シャープ　　4　ノルマ

問題2 次の言葉の使い方として最もよいものを、1・2・3・4から一つ選びなさい。

11 持ち込む

1 それは日本に持ち込むことはできないんじゃないの。

2 パソコンに音符を持ち込んで作曲をした。

3 苦い薬を無理やり口に持ち込んだ。

4 バナナやミカンをバッグに持ち込んで、旅に出かけた。

12 トラウマ

1 彼は、上司のトラウマが原因で出世できなかった。

2 すぐに落ち込むのは、トラウマになるからだ。

3 私は、震災（しんさい）で被害を受けたことがトラウマになっている。

4 小さいころのトラウマがいい状況になってきました。

13 ハンデ

1 大学での研究は、ハンデがついたのでスムーズに進んでいない。

2 彼は体が不自由であるというハンデを乗り越えて、国立大学に合格した。

3 プロの彼にはハンデをあげたほうがいいよ。

4 彼女の考え方はハンデがあるので、あまり参考にならない。

14 取り戻す

1 住民たちは、災害を取り戻して、立ち直った。

2 父が意識を取り戻して、また話ができることを願っています。

3 事件の内容をじっくり取り戻してみた。

4 病気の症状がいくらか取り戻してきた。

15 ギャップ

1 最近の不況で、ついにギャップができてしまった。

2 年をとったせいか、最近の若者とのギャップを感じる。

3 天候のギャップを気にしないで、日夜練習に励んだ。

4 あなたと私のギャップの違いに驚いてしまった。

問題3　＿＿＿の言葉に意味が最も近いものを、1・2・3・4から一つ選びなさい。

16 新型の車のデザインをおおまかに手書きで書いてみました。

1　ラフに　　2　ソフトに　　3　シャープに　　4　デリケートに

17 彼は病気で入院していたので、一年留年した。

1　ドジった　　2　サボった　　3　ダブった　　4　キレた

18 始まったばかりのドラマがもう終了になってしまった。

1　取り戻し　　2　引き下げ　　3　打ち切り　　4　投げ出し

19 デパートの開店と同時に、客がどっと入ってきた。

1　押し寄せて　　2　寄り添って　　3　乗っ取って　　4　盛り上がって

20 彼女に新しいドラマへの出演のオファーが来た。

1　引き立て　　2　受け入れ　　3　引き継ぎ　　4　申し入れ

復習（p.132～133）の答え：
1日目　1. c　2. b　2日目　1. b　2. a　3日目　1. c　2. b
4日目　1. a　2. c　5日目　1. b　2. b　6日目　1. a　2. c

まとめの問題（p.134～136）の答え：
問題1　1 4　2 1　3 3　4 4　5 2　6 2　7 2　8 3　9 4　10 1
問題2　11 1　12 3　13 2　14 2　15 2
問題3　16 1　17 3　18 3　19 1　20 4

第8週

まとめて覚えよう②

まとめて覚えよう②

似ている言葉①

学習日　　月　　日（　）

Q.（　）に入るのは？
煙が目に（　　）。
にじむ
しみる
かれる
何だかんだ言っても、
日本語は
おもしろいと思う。
たのしい にほんご

おぼえよう

心がける	安全運転を心がける	try to drive safely Chú ý lái xe an toàn	➡ 心がけ(N)
心得る	自分の立場を心得る	understand where you stand Hiểu được vị trí của mình	
	作法を心得ている	have manners Biết cách cư xử	➡ 心得(N)
ゆがむ	ネクタイがゆがんでいる	one's tie is crooked Cà vạt bị lệch	
	彼は性格がゆがんでいる。	He's got a warped mind. Anh ta có tư duy lệch lạc.	
ねじれる	コードがねじれている	electrical cords are tangled up Dây điện bị xoắn lại	
こじれる	交渉がこじれる	negotiations have become complicated Cuộc đàm phán giậm chân tại chỗ	
ほどける	リボンがほどける	bow comes untied Dải ruy băng bị tuột ra	
ほころびる	スカートの裾がほころびている。	The hem of the skirt is coming down. Lai váy bị sờn rách.	
にじむ	雨でハガキの字がにじむ	rain smudges the ink on the postcard Chữ trên bưu thiếp bị nhòe do mưa ướt	
	涙がにじむ	one's eyes are filled with tears Mắt nhòe lệ	
しみる	煙が目にしみる	smoke gets into one's eye Khói làm cay mắt	
	シャツに汗が染みる	sweat soaks through a shirt Mồ hôi thấm vào áo sơ mi	
しなびる	野菜がしなびる	leafy vegetables wilt Rau héo	
かれる	木が枯れる	a tree dies　Cây khô héo	
	声がかれる	one's voice becomes hoarse Giọng khàn	池がかれる　pond dries up Hồ cạn nước
じきに	雨はじきに(=すぐに)あがるでしょう。	The rain will soon stop. Chắc là mưa sẽ tạnh ngay thôi.	
じかに	社長とじかに(=直接)話す	talk directly to the president Nói chuyện trực tiếp với giám đốc	
何もかも	何もかも(=すべて)いやになった。	I no longer care about anything. Chán ghét mọi thứ.	
何でもかんでも	うちの犬は、何でもかんでも(=すべて)かじる。	Our dog chews anything. Chó nhà tôi cái gì cũng gặm.	
何だかんだ	何だかんだ(=あれこれ)言っても、彼は偉い。	However he's accomplished a lot. Nói gì thì nói anh ấy rất tài giỏi.	

いかに	それをいかに(=どのように)実現するかが問題だ。	How we implement it is the question. Vấn đề là thực hiện điều đó như thế nào.		
いかに	いかに(=どんなに)急いでも間に合わないだろう。	No matter how much we hurry, we won't make it. Có vội cách mấy thì có lẽ cũng không kịp được đâu.		
いかにも	それはいかにも残念です。	It is certainly disappointing. Điều đó quả thật là đáng tiếc.		
いかにも	彼はいかにも学者らしい。	He surely looks like a scholar. Anh ấy quả thật giống như là một học giả.		
ひび	壁(かべ)にひびが入っている。	There's a crack in the wall. Có vết nứt ở trên tường.		
すき間(ま)	机とタンスのすき間	space between the desk and the dresser Khe hở giữa bàn và tủ		
粒(つぶ)	一粒(ひと)の米	one grain of rice Một hạt gạo	大粒の雨	big drops of rain Mưa nặng hạt (mưa to)
滴(しずく)	雨の滴	a raindrop Giọt nước mưa	滴がたれる	water drips Nước rỉ/nhỏ giọt
あか	爪(つめ)のあか	dirt under one's fingernails Đất trong móng tay	あかを落とす	scrub oneself clean Kỳ sạch đất
あざ	あざができる	get a bruise Bị bầm	生まれつきのあざ	birthmark Vết bớt bẩm sinh

練習Ⅰ 正しいほうに○を付けなさい。

① 熱いなべを手で（a. じかに　b. いかに）つかんで、やけどをしてしまった。

② かゆいので肌をかきむしったら、血が（a. しみて　b. にじんで）きた。

③ 最近、お酒を飲む量を減らそうと（a. 心がけて　b. 心得て）います。

④ 転んだら、腰の骨に（a. あざ　b. ひび）が入ってしまった。

⑤ 私は（a. 一粒の　b. 小粒の）納豆(なっとう)が好きです。

⑥（a. しなびた　b. 枯れた）白菜があったが、スープにしたらおいしかった。

練習Ⅱ（　　）にはどれが入りますか。一つ選びなさい。

⑦ 彼は、（　　　）政治家らしい口調で話す。

1　いかに　　2　いかにも　　3　何もかも　　4　じかに

⑧ 靴のひもが（　　　）いるよ。

1　しなびて　　2　ほどけて　　3　ほころびて　　4　にじんで

▶答えは p.141、正解文の読みは別冊 p.16

まとめて覚えよう②

学習日　　月　　日（　）

似（に）ている言葉（ことば）②

Q.（　　）に入るのは？
問題が（　　　）に
解決した。
一変
いっぺん
一連
いちれん
一挙
いっきょ

「一」がつく言葉は
多すぎるから、
覚えるのは一苦労だ。
一休みしてから
考えよう。

おぼえよう　「一」のつく語彙（ごい）

一同（いちどう）	一同を代表して…	on behalf of us all Thay mặt cho toàn thể	出席者一同	all those present Toàn thể người tham dự
一面（いちめん）	物事の一面	one aspect of something Một mặt của sự việc		
	空一面	the entire sky Cả một bầu trời	一面記事	a front-page article Bài ký sự ở trang nhất
一連（いちれん）	一連の事件	a series of crimes Một chuỗi các sự kiện		
一目（いちもく）	一目瞭然（りょうぜん）	being very obvious　Nhìn thoáng qua là hiểu ngay/Rõ như ban ngày	一目置く	recognize someone's ability　Nhận thấy được năng lực của người khác/Kiêng nể
一律（に）（いちりつ）	一律1万円支給される	10,000 yen will be paid across the board Được trả 10.000 yên như nhau		
	給料を一律に上げる	raise salaries across the board Tăng lương như nhau		
一様（に）（いちよう）	参加者は一様に驚（おどろ）きの声をあげた。	All those present reacted in surprise. Người tham gia ai cũng đều ồ lên ngạc nhiên.		
一瞬（いっしゅん）	一瞬、ためらった。	I hesitated for a second. Lưỡng lự một thoáng.	一瞬の出来事	something that happens in an instant Sự việc thoáng qua
一帯（いったい）	付近一帯を捜索（そうさく）する	search the surrounding area Tìm kiếm phạm vi xung quanh		
一斉（に）（いっせい）	一斉にスタートする	start all at once Đồng loạt bắt đầu		
一心（に）（いっしん）	一心同体	oneness in body and spirit Đồng tâm nhất thể/Đồng lòng	一心に祈る	pray wholeheartedly Hết lòng/Thành tâm cầu nguyện
一挙（に）（いっきょ）	問題が一挙に解決する	solve the problems all at once Giải quyết vấn đề một lần		（＝一気（いっき）に）
一見（する）（いっけん）	一見の価値（かち）がある	be worth seeing Đáng xem thử một lần		
一新（する）（いっしん）	気分を一新する	change the mood completely Thay đổi tâm trạng hoàn toàn / Làm mới tâm trạng		
一掃（する）（いっそう）	暴力を一掃する	render a violent place safe Xóa sạch bạo lực		
一変（する）（いっぺん）	態度（たいど）が一変する	totally change one's attitude Thay đổi thái độ hoàn toàn		
一息（ひといき）	一息入れる／一息つく	take a break Nghỉ xả hơi	一息に登る	climb ... without a break Leo một mạch
一頃（ひところ）	一頃はやった歌	a song that was once very popular Bài hát thịnh hành một thời		
一筋（ひとすじ）	田中さんは仕事一筋の人間だ。	Tanaka-san has devoted his whole life to his work. Anh Tanaka là người sống hết mình vì công việc.		
一苦労（ひとくろう）	レポートを仕上げるのは一苦労だった。	It was hard work to finish the report. Hoàn thành bản báo cáo là việc rất khó khăn.		
一休み（する）（ひとやす）	この辺で、一休みしよう。	Let's have a break now. Nghỉ một chút ở chỗ này đi thôi!		
一眠り（する）（ひとねむ）	一眠りしてから、また仕事をしよう。	I'll have a nap and then work more. Chợp mắt một chút rồi hãy làm việc.		

おぼえよう 「見」のつく語彙(ごい)

見逃す(みのがす)	チャンスを見逃す	miss an opportunity Bỏ lỡ cơ hội	ミスを見逃す	overlook a mistake Bỏ sót / không nhìn thấy lỗi
見落とす(みおとす)	間違いを見落とす	not notice a mistake Bỏ sót lỗi		
見失う(みうしなう)	道を見失う	get lost Lạc đường	目標(もくひょう)を見失う	lose one's objective Đánh mất mục tiêu
見積もる(みつもる)	費用を見積もる	estimate the cost Ước tính chi phí	安く見積もる	underestimate the cost Tính giá rẻ ➔見積もり(みつもり)(N)
見計らう(みはからう)	ラッシュの終わるころを見計らって出かける		wait to leave until after the morning rush hour Canh hết giờ cao điểm mới đi ra ngoài	
見違える(みちがえる)	父は見違えるように元気になった。		My father's been doing so much better. Ba tôi đã khỏe lại như thể nhìn nhầm.	
見晴らし(みはらし)	見晴らしがいい部屋		a room with a good view Căn phòng có tầm nhìn đẹp	

練習 I 正しいほうに○を付けなさい。

① スリを追いかけたが、途中で（a. 見失って　b. 見落として）しまった。

② 全社員に（a. 一連　b. 一斉(いっせい)）にメールを送(おく)った。

③ 古い家がリフォームで、（a. 見違える　b. 見計らう）ようになった。

④ ドラマの最終回を（a. 見落として　b. 見逃して）しまった。

⑤ 黒い煙が空（a. 一様　b. 一面）に広がっている。

⑥ ここからの眺(なが)めは、（a. 一目　b. 一見）の価値(かち)がある。

練習 II （　　）にはどれが入りますか。一つ選びなさい。

⑦ この棚(たな)の商品は（　　）3割引きになっています。

1　一同　　2　一律　　3　一帯　　4　一連

⑧ 新型(しんがた)の車は、以前(いぜん)のデザインを（　　）した。

1　一掃　　2　一心　　3　一新(しん)　　4　一見

▶答えは p.143、正解文の読みは別冊 p.16

p.139 の答え：I－①a　②b　③a　④b　⑤b　⑥a　II－⑦2　⑧2

第8週 3日目

まとめて覚えよう②

体の部分(ぶぶん)を使った言葉(ことば)①

学習日　　月　　日（　）

おぼえよう　体の名称(めいしょう)を使った表現(ひょうげん)①

顔	彼はこの辺りでは顔が売れている。	He's well-connected around here. Anh ấy nổi tiếng ở vùng này.
	彼はとても顔が広い。	He's well-connected. Anh ấy quen biết rộng.
	私はその店に顔が利く。	I'm a good customer of theirs, so they give me special treatment. Tôi là khách hàng thân thiết của tiệm đó.
	親に合わせる顔がない。	I can't face my parents again. Không còn mặt mũi nhìn cha mẹ.
	上司の顔を立てる	try to protect one's boss' reputation Giữ thể diện cho cấp trên　➡上司の顔が立つ
目	目が回るような忙しさ	incredible busyness Bận tối mắt tối mũi
	故郷(こきょう)の様子が目に浮(う)かぶ	fondly recall the places in one's hometown Hình ảnh quê nhà hiện ra trước mắt
	目を疑うような光景	an unbelievable scene Quang cảnh như không thể tin được vào mắt mình
	子どもから目を離す	take one's eyes off the child Rời mắt khỏi trẻ con
	突然のプレゼントに目を丸くする	be very surprised by an unexpected present Tròn xoe mắt ngạc nhiên trước món quà bất ngờ
	目を引くデザイン	an eye-catching design Thiết kế thu hút sự chú ý
	目がさえて眠れない	be completely awake and can't go to sleep Mắt mở thao láo không ngủ được
	大事なものを目が届くところに置く	put a very important thing where you can see it Để những vật quan trọng ở chỗ dễ nhìn thấy
	子どもの将来を長い目で見る	take a long view of one's child's future Tính xa chuyện tương lai của con cái
	彼は絵画に対して目が肥(こ)えている。（＝目が高い）	He has an expert eye for paintings. Anh ấy có đôi mắt tinh tường về hội họa.
耳	耳を澄(す)ます	listen very carefully Chú ý lắng nghe
	子どもの話に耳を傾ける	listen carefully to what children say Lắng nghe câu chuyện của trẻ con
	工事の音が耳に障(さわ)る	the noise from the construction is too loud Tiếng ồn từ công trình đang thi công gây chói tai
	親の小言に耳をふさぐ	cover one's ears to block out a parent's lecture Bịt tai không nghe lời cha mẹ nói
	彼は私の話に耳を貸してくれなかった。	He didn't listen to what I said. Anh ấy đã không nghe những gì tôi nói.
	CMの音楽が耳について離れない。	The music from the commercial keeps running through my head. Âm nhạc của đoạn quảng cáo cứ văng vẳng bên tai.

鼻	彼女は美人を鼻にかけている。	She's always boasting about her beauty. Cô ấy luôn tự hào với sắc đẹp của mình.
	立派(りっぱ)な息子を持って鼻が高い。	I'm proud of my good son. Hãnh diện vì có được một đứa con trai tuyệt vời.
	彼女の態度(たいど)は鼻につく。	I can't stand her attitude. Thái độ của cô ấy rất khó ưa.
口	彼は口が重い。	He doesn't talk much. Anh ấy ít nói.
	つい口が滑(すべ)った。	I let the secret slip. Đã lỡ miệng nói ra/ Buột miệng nói ra.
	彼は口が肥(こ)えている。	He is a gourmet. Anh ấy rất sành ăn.
	話に口を挟むな。	Don't cut in! Đừng xen ngang vào câu chuyện!
頭	頭を冷やして考える。	I'll think it over once I calm down. Bình tĩnh suy nghĩ.
	頭を抱える問題	a problem over which one tears out one's hair Vấn đề làm đau đầu
	彼は頭がよく切れる。	He is very sharp. Anh ấy có đầu óc rất nhạy bén.
	彼の努力には頭が下がる。	I admire his effort. Cúi đầu nể phục trước những nỗ lực của anh ấy.

練習Ⅰ 正しいほうに○を付けなさい。

① 彼の人を見下した態度(たいど)が、（a. 鼻が高い　b. 鼻につく）。

② あの人は口が（a. すべっている　b. こえている）から、そのレストランの料理では満足しないでしょう。

③ 答えるのに頭を（a. かたむける　b. かかえる）ような質問がたくさん来た。

④ ありがとうございます。そうしていただけると私の（a. 顔が立ちます　b. 顔がききます）。

⑤ 彼の努力には（a. 頭が下がる　b. 会わせる顔が無い）。

⑥ 美しい歌声に（a. 耳を傾けた　b. 耳を貸した）。

練習Ⅱ （　　）にはどれが入りますか。一つ選びなさい。

⑦ 彼女はそれを聞いたとたん、（　　　）驚(おどろ)きの声をあげた。

1　顔を立てて　　2　口が滑(すべ)って　　3　目を丸くして　　4　鼻をかけて

⑧ 女優(じょゆう)の中でも、彼女は特に（　　　）美しい女性です。

1　目を引く　　2　目に浮かぶ　　3　目を疑う　　4　目が回る

▶答えは p.145、正解文の読みは別冊 p.16

p.141 の答え：Ⅰ－①a　②b　③a　④b　⑤b　⑥b　Ⅱ－⑦2　⑧3

まとめて覚えよう②

体の部分(ぶぶん)を使った言葉(ことば)②

学習日　月　日(　)

Q. (　)に共通して入るのは？
(　　　)が長い役者
(　　　)が切れる

ぼくには
手も足も出ない
問題だ。

おぼえよう　体の名称を使った表現②

手	悪い仲間と手を切る	cut ties with bad friends Chấm dứt/Cắt đứt quan hệ với bạn xấu　➔縁(えん)を切る
	手が足りないから、手伝ってくれ。	There aren't enough people. Can you help me? Vì không đủ người nên hãy giúp giùm với.
	私の手に余る仕事	work which is too difficult for me Công việc quá khó đối với tôi
	その問題に早く手を打つべきだ。	We must tackle the problem right away. Nên bắt tay vào giải quyết vấn đề đó ngay.
	あの子は親の手に負えない。	That kid is beyond his parents' control. Đứa bé đó vượt ngoài tầm kiểm soát của cha mẹ.
	いたずらな生徒に手を焼く	have a hard time with mischievous pupils Khó khăn trong việc xử lý học sinh quậy phá
	仕事の手を抜く	cut corners at work　Cẩu thả trong công việc
	問題解決のためにあらゆる手を尽(つ)くす	try every means possible for solving a problem Dùng hết mọi cách để giải quyết vấn đề
	手も足も出ない問題	very tough problem　Vấn đề không giải quyết được/Vấn đề bó tay
首	首を横に振(ふ)る	shake one's head at Lắc đầu
	首を縦(たて)に振(ふ)る	Agree with a nod Tán thành, đồng ý
	首を長くして待つ	long for　Đợi dài cổ
	首をひねるような結果	baffling result　Kết quả làm cho phải vắt óc suy nghĩ (kết quả lạ lùng, bất ngờ, không như dự đoán)
	厄介(やっかい)な問題に首を突っ込む	get into trouble Đụng độ vấn đề rắc rối
	借金で首が回らない	be deep in debt　Nợ ngập đầu
息	走って息が切れる	be out of breath from running　Chạy đứt hơi
	満員電車で息が詰まりそうだ。	I feel suffocated in a very crowded train. Muốn nghẹt thở vì xe điện đầy người.
	息が長い役者	a veteran actor Diễn viên kỳ cựu
	彼は息もつかずにしゃべり続けた。	He talked on and on without pausing for breath. Anh ấy nói liên tục mà không ngừng nghỉ.
	息を抜く暇(ひま)もないくらい忙しい	be extremely busy Bận đến nỗi không kịp thở
	息をのむほど美しい景色	a breathtaking view　Cảnh đẹp đến nín thở
	息を引きとる(=死ぬ)	breathe one's last　Chết, tắt thở
	息の合う仲間達	a team in perfect harmony　Những người bạn hợp tính

足	経費がかかりすぎて足が出た。	We ran over budget because of the high costs. Vì chi phí quá cao nên thâm hụt ngân sách.
	1日中歩いて足が棒になった。	My legs were extremely tired after walking all day. Đi bộ cả ngày nên chân cứng đờ.
	同僚の足を引っ張る	obstruct a colleague's attempt Cản bước tiến của đồng nghiệp
	生ものは足が早い。	Raw food goes bad fast. Đồ tươi sống thì mau hư.
気	彼は田中さんに気があるらしい。	He seems interested in Tanaka-san. Anh ấy có vẻ quan tâm đến Tanaka.
	誘われたけど、気が向かない。	I've been invited but I don't feel like going. Được mời nhưng không có hứng thú.
	彼は周囲に気を配る人だ。	He is attentive to those around him. Anh ấy là người để ý đến xung quanh. ➔ 気配り(N)
	彼女は気が利く人だ。	She is smart and good-natured. Cô ấy là người rất lanh lợi.
	気が散って勉強が手につかない。	I can't concentrate on my study. Bị phân tâm nên không thể tập trung vào việc học.

練習 I 正しいほうに○を付けなさい。

① 服装だけでなく髪型にも（a. 気が利く　b. 気を配る）。

② イカの刺身は（a. 手が　b. 足が）早いので、今日中に食べたほうがいいです。

③ 私の学校は、やたら規律にうるさいので（a. 息が切れる　b. 息が詰まる）。

④ その景色の美しさに、思わず（a. 息をのんだ　b. 息が切れた）。

⑤ 客が多くても少なくても、彼はいつも（a. 気がある　b. 手を抜かない）演奏をする。

⑥ 老いた母は、我が子の帰国を（a. 息を　b. 首を）長くして待っていた。

練習 II（　　）にはどれが入りますか。一つ選びなさい。

⑦ こんな大きな犬を飼うのは、ちょっと私の（　　）と思います。

1　手を尽くす　　2　足が出る　　3　手に余る　　4　息がつまる

⑧ ハイキングで一日中歩き回ったら、足が（　　）。

1　長くなった　　2　棒になった　　3　出なくなった　　4　つまった

▶答えは p.147、正解文の読みは別冊 p.16

p.143 の答え：Ⅰ－①b　②b　③b　④a　⑤a　⑥a　Ⅱ－⑦3　⑧1

第8週 5日目

まとめて覚えよう②

よく使う表現(ひょうげん)①

学習日 月 日( )

Q. ( )に入るのは？
それは、耳に( )ができるほど聞いた。

おぼえよう あいさつなどいろいろな表現

お手数(てすう)をおかけしました。	Sorry to have troubled you. Xin lỗi vì đã làm phiền.
なにぶん(＝なにとぞ)よろしくお願(ねが)いいたします。	Thank you for your kind help. Trăm sự nhờ anh/chị giúp đỡ.
取(と)り急(いそ)ぎお礼(れい)まで。 ＊お礼の手紙の最後(さいご)に添(そ)える。	Just a quick note to thank you. Xin cho tôi gửi lời cám ơn vắn tắt.
夜分(やぶん)遅(おそ)く、すみませんが……。 ＊訪問(ほうもん)や電話でよく使う。	Sorry to trouble you this late at night, but ... Xin lỗi đã muộn thế này còn làm phiền anh/chị.
お騒(さわ)がせして申(もう)し訳(わけ)ありません。	Sorry to have bothered you. Xin lỗi vì đã làm phiền anh/chị.
申(もう)し訳(わけ)ありませんが、これをコピーしてください。	Would you kindly make a copy of this? Xin lỗi nhưng vui lòng photo cái này giùm tôi.
悪(わる)いけど、そこの雑誌を取ってくれる？ ＊謝(あやま)っているのではなく、お願(ねが)いするときに使う。	Would you mind getting the magazine for me? Làm phiền chút, lấy giúp cuốn tạp chí được không?
……ですが、悪(あ)しからず。	I'm sorry but … Tôi xin lỗi…
差(さ)し支(つか)えなければ、……	if it is ok with you, … Nếu thấy không có vấn đề gì thì…
いざというとき(のため)に備(そな)えよう。	Be prepared for an emergency! Chuẩn bị phòng khi khẩn cấp.
そのことはいざ知(し)らず、……	apart from that, … Ngoại trừ chuyện đó ra thì…
きりがいいところで休みましょう。	Let's take a break when we come to a good place to stop. Canh (giờ, nội dung công việc) đến thời điểm thích hợp rồi nghi ngơi thôi!
欲を言えばきりがない。	Unless you're realistic, you'll never find a solution. Tham vọng thì không có giới hạn.
ワインと言ってもピンからキリまである。 ＊「ピンキリだ」と短くして使われることもある。	There are all sorts of wines, ranging from the very good to the awful. Rượu thì cũng có nhiều loại, từ loại ngon tới loại dở.
彼のことは一(いち)から十(じゅう)まで知っている。	I know everything about him. Chuyện của anh ấy tôi biết tất tần tật.
来(きた)る３月10日に卒業式が行われる。	The graduation ceremony will take place on March 10th. Lễ tốt nghiệp sẽ được tổ chức vào ngày 10 tháng 3 tới.
去(さ)る３月10日に卒業式が行われた。	The graduation ceremony took place on March 10th. Lễ tốt nghiệp đã được tổ chức vào ngày 10 tháng 3 vừa qua.

もっと おぼえよう　たとえを使った慣用表現

胸をえぐられるような思いをした。	I had a very heartbreaking experience. Tôi đã có một trải nghiệm kinh hoàng (như muốn vỡ lồng ngực).
彼は口から先に生まれたような男だ。	He has the gift of gab. Anh ấy là người nói không ngừng nghỉ (cái miệng sinh ra trước).
それは雲をつかむような話だ。	That is a very unrealistic plan. Đó là một câu chuyện hoang đường/không tưởng.
顔から火が出るほど恥ずかしい。	I'm extremely embarrassed. Ngượng chín cả mặt.
猫の手も借りたいほど忙しい。	We're so busy that we'll take anyone who is willing to help us. Bận tối mắt tối mũi.
それは耳にたこができるほど聞いた。	I am sick of hearing that. Chuyện đó nghe mòn lỗ tai rồi.
のどから手が出るほどほしい。	I want it more than anything in the world. Ham muốn tột độ/Muốn hơn tất cả mọi thứ trên thế gian.

練習 I　正しいほうに○を付けなさい。

① 祖父の自慢話は、（a. 顔から火が出るほど　b. 耳にたこが出来るほど）聞かされた。

② （a. 差し支えなければ　b. 夜分遅くすみませんが）、お名前をお教えくださいませんか。

③ 若いころなら（a. 悪しからず　b. いざ知らず）、今そんな無茶をすると体を壊すよ。

④ 欲を言えば（a. ピン　b. キリ）がないから、このくらいのアパートでいいんじゃないかな。

⑤ （a. 去る　b. 来る）10月10日に、体育祭が行われます。

⑥ （a. 申し訳ありませんが　b. 差し支えなければ）、その商品は弊社では取り扱っておりません。

練習 II　（　　）にはどれが入りますか。一つ選びなさい。

⑦ （　　）、あのドレスがほしいです。

1　雲をつかむほど　　2　胸をえぐられるほど
3　猫の手も借りたいほど　　4　のどから手が出るほど

⑧ （　　）申し訳ありません。

1　お騒がせして　　2　取り急ぎお礼で　　3　差し支えて　　4　お手数して

▶答えは p.149、正解文の読みは別冊 p.16 ～ 17

p.145 の答え：I－①b　②b　③b　④a　⑤b　⑥b　　II－⑦3　⑧2

まとめて覚えよう②

よく使う表現(ひょうげん)②

学習日　月　日(　)

日本語は
本当に難しいけれど、
これからはぐちをこぼさずに
がんばります！

おぼえよう　生活(せいかつ)でよく使う名詞(めいし)

～違い(ちが)	勘違い(かんちがい)	a misunderstanding　Hiểu nhầm
	人違い(ひとちがい)	mistaking someone for someone else Nhầm người
	一字違い(いちじちがい)	the same except for one character/letter Chỉ chênh nhau một chữ
	食い違い(くいちがい)	a discrepancy Không khớp nhau
	行き違い(いきちがい)	crossing, misunderstanding Hiểu lầm
～放題(ほうだい)	食べ放題(たべほうだい)	all you can eat Ăn thoải mái
	飲み放題(のみほうだい)	all you can drink Uống thoải mái
～忘れ(わす)	度忘れ(どわすれ)(する)	slip one's mind Bất chợt quên/Thoáng quên
	物忘れ(ものわすれ)(する)	be forgetful (have a short memory) Đãng trí/Hay quên
～嫌い(ぎら)	負けず嫌い(まけずぎらい)	being never content to be second best Hiếu thắng/Không chịu thua
	食わず嫌い(くわずぎらい)	disliking something before tasting it Chưa ăn đã không thích
～人	よその人(ひと)	someone who is not in one's social group　Người ngoài
	ただの人(ひと)	no one special Người bình thường
	見知らぬ人(みしらぬひと)	a stranger Người lạ/Người không quen biết
	赤の他人(あかのたにん)	a complete stranger Người hoàn toàn xa lạ
逆(さか)～	逆立ち(さかだち)	a handstand　Trồng cây chuối
	逆さま(さかさま)	a upside-down　Ngược lại/Đảo lộn
共(とも)～	共稼ぎ(ともかせぎ)(する) 共働き(ともばたらき)(する)	double-income (husband and wife hold down jobs) (Vợ chồng) Cùng đi làm/kiếm sống
(お)～	(お)あいこ	a tie/draw　Huề
	(お)しまい	a finish, an end　Kết thúc
	(お)似合い(にあい)	being well-matched　Hợp/Phù hợp

呼び捨て(よびすて)(する)	address coarsely　Gọi tên trống không (không có đại từ xưng hô "-san")
裏返し(うらがえし)	being inside-out　Lộn ngược lại
あべこべ	the other way around Trái ngược nhau
交互(こうご) 互い違い(たがいちがい)	alternation Luân phiên/Xen kẽ nhau
でこぼこ(する)	uneven, bumpy Lồi lõm
じゃんけん(する)	the game of "paper, rock, scissors" (do janken)　Oẳn tù tì
引き分け(ひきわけ)	a draw/tie　Hòa/Ngang điểm
びり	last one, worst one Chót/Cuối cùng/Tệ nhất
やせっぽち	thin person　Người gầy nhom
デブ〈俗語(ぞくご)〉	fat person　Người mập ú
恋愛(れんあい)(する)	love　Tình yêu
交際(こうさい)(する)	have a relationship Quen nhau,tìm hiểu nhau
きっかけ	a start, an opportunity Động cơ/Nguyên do
なれそめ	beginning of a romance Khởi đầu của một chuyện tình
初対面(しょたいめん)	one's first meeting Lần đầu tiên gặp mặt
一目ぼれ(ひとめぼれ)(する)	fall in love at first sight　Yêu từ cái nhìn đầu tiên/Tiếng sét ái tình
(お)見合い(みあい)(する)	have a meeting with a prospective partner　Mai mối
浮気(うわき)(する)	have an affair　Ngoại tình
再婚(さいこん)(する)	remarry　Tái hôn
ナンパ(する)〈俗語(ぞくご)〉	pick girls up Tán gái
バツイチ〈俗語(ぞくご)〉	being once-divorced Đã từng ly dị một lần

つじつま	話のつじつまが合わない	contradict oneself Câu chuyện không chặt chẽ		
ひずみ	地震でひずみが発生する。	There arise visible signs of damage from the earthquake. Động đất gây ra nhiều biến đổi xấu		
	無理な経済政策(けいざいせいさく)のひずみ	strains caused by the unworkable economic policy Những biến đổi xấu do chính sách kinh tế không hợp lý gây ra		
はり	張(は)りのある肌	smooth skin Làn da căng mịn		
つや	つやのある髪	hair that has a beautiful sheen Tóc bóng mượt		
こつ	こつをつかむ	get the hang of it Nắm được cốt lõi/bí quyết		
めど	めどがたつ	have some idea as to when/how it will be done Có triển vọng, thấy được phương hướng giải quyết		
ゆとり	ゆとりのある生活	an affluent lifestyle Cuộc sống thoải mái, sung túc	予算にゆとりがある	have enough budget Ngân sách dư dả
ぐち	ぐちを言う	complain Phàn nàn	ぐちをこぼす	grumble Than thở
ねた 〈俗語(ぞくご)〉	話のねた	a topic for a speech Đề tài cho câu chuyện	すしのねた	materials used for making sushi Phần nhân trên miếng cơm sushi (cá, tôm, trứng v.v.)
	＊「たね(種)」を逆に読んだ言葉 ☞ p.113			

練習Ⅰ 正しいほうに○を付けなさい。

① 恩師(おんし)の名前を（a. 物忘れ　b. 度忘れ）した。

② ボーリングの投球の（a. こつ　b. めど）をつかんだ。

③ 彼の話は時間的に（a. ひずみ　b. つじつま）が合わない。

④ ビルの完成のめどがやっと（a. 合った　b. たった）。

⑤ 彼らは、とても（a. お似合い　b. お見合い）のカップルですね。

⑥ 彼はシャツのボタンを（a. 互い違い　b. 裏返し）に止めていた。

練習Ⅱ（　）にはどれが入りますか。一つ選びなさい。

⑦ 初対面の彼女に（　　）してしまった。

1　なれそめ　　2　一目ぼれ　　3　見合い　　4　気合

⑧ 時間を（　　）して、待ち合わせに遅れてしまった。

1　食い違い　　2　行き違い　　3　勘違(かんちが)い　　4　見違い

▶答えは p.151、正解文の読みは別冊 p.17

p.147 の答え：Ⅰ－①b　②a　③b　④b　⑤b　⑥a　Ⅱ－⑦4　⑧1

第8週 7日目

まとめて覚えよう②

復習＋もっと

学習日　　月　　日（　）

Q. 説明に最も合う言葉を、a・b・c　から一つ選びなさい。（答えは p.154）

1日目

▶p.138,139

1. 物事(ものごと)がもつれた状態(じょうたい)になって、今までよりも事態(じたい)が悪くなる

a　ほころびる　　b　こじれる　　c　ゆがむ

2. 何かをするときに、対象(たいしょう)となるものとの間に何も置かない様子

a　すきまに　　b　じきに　　c　じかに

2日目

▶p.140,141

1. 好(この)ましくないものを、すっかりきれいに片づけてしまう

a　一変(いっぺん)する　　b　一掃(いっそう)する　　c　一新(いっしん)する

2. ただ一つのことに心を傾(かたむ)ける様子

a　一筋(ひとすじ)　　b　一息(ひといき)　　c　一連(いちれん)

3日目

▶p.142,143

1. 他よりも優(すぐ)れていることを自慢(じまん)する

a　目にかける　　b　鼻にかける　　c　耳につく

2. 思考(しこう)するのに回転が速く優(すぐ)れていて、物事(ものごと)を処理(しょり)するスピードが速い人

a　目がひく人　　b　顔がきく人　　c　頭がきれる人

4日目

▶p.144,145

1. それまでにあった関係を断(た)つ

a　手を切る　　b　息をのむ　　c　手を抜(ぬ)く

2. 自分の力では扱(あつか)いきれない

a　足を引(ひ)っ張(ぱ)る　　b　息が抜(ぬ)けない　　c　手に負(お)えない

5日目

▶p.146,147

1．非常事態(じたい)や一大事(いちだいじ)があった時という意味

a　いざという時　　b　きりがない時　　c　差し支えない時

2．最上のものから最低のものまでという意味

a　頭から足まで　　b　一から十まで　　c　ピンからキリまで

6日目

▶p.148,149

1．余裕(よゆう)があり、窮屈(きゅうくつ)でない状態(じょうたい)や物事(ものごと)のこと

a　ゆとり　　b　ひずみ　　c　はり

2．物事(ものごと)や話の筋道(すじみち)がきちんと通るようにする

a　めどをたたせる　　b　つじつまを合わせる　　c　こつをつかむ

この子たちが合格するのは、
雲をつかむような話ですが、
がんばってほしいです。

もっと覚えよう　＊よく使う日本のことわざ＊

習(なら)うより慣(な)れろ	practice makes perfect Trăm hay không bằng tay quen, thực hành tốt hơn học chay
雨降(あめふ)って地固(じかた)まる	adversity strengthens the foundations Sau những rắc rối, khó khăn là sự bắt đầu của những điều tốt đẹp
急(いそ)がば回(まわ)れ	more haste, less speed Nếu muốn nhanh, hãy chọn đường chắc chắn hơn là đường tắt
馬(うま)の耳(みみ)に念仏(ねんぶつ)	in one ear and out the other Giảng đạo lý cho kẻ ngốc cũng chẳng có ích gì
猿(さる)も木(き)から落(お)ちる	nobody's perfect Bất kể người tài giỏi đến đâu cũng có lúc gặp thất bại
親(した)しき中(なか)にも礼儀(れいぎ)あり	good manners even between friends Dù mối quan hệ có thân thiết đến đâu nhưng vẫn cần giữ lễ nghĩa cơ bản

ことわざはその国の
人々の生活から
生まれた教訓的な

p.149 の答え：Ⅰ－①b　②a　③b　④b　⑤a　⑥a　Ⅱ－⑦2　⑧3

まとめて覚えよう②

月　日（　）

まとめの問題

制限時間：20分
1問5点×20問
答えはp.154
正解文の読みと解説は別冊p.17～18

点数 ／100

問題1　（　　）に入れるのに最もよいものを、1・2・3・4から一つ選びなさい。

1 子犬のしつけには、（　　　）います。

1　息が切れて　　2　足が出て　　3　手を焼いて　　4　目を離して

2 彼の才能には、社長も（　　　）置いています。

1　一目　　2　一息　　3　一筋　　4　一見

3 火事で家が焼け、彼は財産も（　　　）失ってしまった。

1　何でもかんでも　　2　何もかも　　3　何だかんだ　　4　何でもかも

4 秋の夜、老いた母は虫の声を（　　　）聞いていた。

1　耳について　　2　耳をすまして　　3　耳にさわって　　4　耳にはさんで

5 彼女と待ち合わせしたが、どうも（　　　）になったようで、結局会うことができなかった。

1　互い違い　　2　行き違い　　3　食い違い　　4　人違い

6 朝の魚市場は、（　　　）忙しい。

1　顔から火が出るほど　　2　のどから手が出るほど
3　猫の手も借りたいほど　　4　胸をえぐられるように

7 この電球は高いけれど、（　　　）、結局は節約になる。

1　頭を下げて見ると　　2　長い目で見ると
3　気を配って見ると　　4　あらゆる手を見ると

8 お風呂場のリフォームをするため、業者に（　　　）をしてもらった。

1　見晴らし　　2　見計らい　　3　見積もり　　4　見落とし

9 前はおいしいと思ったのにそう思えないのは、（　　　）しまったのかもしれない。

1　口が肥えて　　2　鼻が高くなって　　3　気が散って　　4　目が疑って

10 電気のコードが（　　　）いると、熱を持つから危ないですよ。

1　ほどけて　　2　ゆがんで　　3　ほころびて　　4　ねじれて

問題2　次の言葉の使い方として最もよいものを、１・２・３・４から一つ選びなさい。

11 あべこべ

1　収入と支出のあべこべが合わない。

2　トラックが多く通る道路は、あべこべしている。

3　工事で車線が狭く、車はあべこべに通行した。

4　ぬいぐるみの頭とシッポをあべこべにつけてしまった。

12 度忘れ

1　今まで覚えていたのに、度忘れしてしまった。

2　今日の気温を度忘れしないように気をつけよう。

3　今日は雨なので、電車の中に傘の度忘れが多い。

4　緊張して、度忘れしたことが思い出せない。

13 気が散る

1　面接で、予想していないことを聞かれて気が散った。

2　気が散るからテレビを消して。

3　５人も人を殺したという犯人は、気が散っているね。

4　こんなに作ったのにまだ予定の半分にも満たないとは、とても気が散る。

14 足が出る

1　今月は、足が出るほどの買い物をしなければならない。

2　いたずらな末っ子には、本当に足が出る。

3　彼女はインテリアの世界では、かなり足が出た存在です。

4　海外旅行でお土産を買いすぎて、予算から足が出てしまった。

15 いかにも

1　彼女は、いかにも自分が能力があるかを必死でアピールした。

2　このドレッシングは、いかにもおいしく食べられます。

3　そのラーメン屋の看板には、いかにもおいしそうなラーメンの絵が描かれている。

4　空がいかにも晴れてきた。

問題3 ＿＿＿の言葉に意味が最も近いものを、１・２・３・４から一つ選びなさい。

16 痛み止めの注射をしたので、すぐに痛みは和らいでくるでしょう。

1　すでに　　2　じきに　　3　いかに　　4　じかに

17 彼は、仕事に熱中した生活をしている。

1　仕事一連の　　2　仕事一帯の　　3　仕事一心の　　4　仕事一筋の

18 これは、私にはできない問題だ。

1　私の手に負えない　　2　私の手が足りない
3　私の足が出ない　　4　私の足にならない

19 彼女のことは、すべて知っているつもりだ。

1　ピンからキリまで　　2　一から十まで
3　何かから何かまで　　4　いつからどこまで

20 このおもちゃは、一時期とてもよくはやったね。

1　一頃　　2　一息　　3　一瞬　　4　一面

復習（p.150 ～ 151）の答え：
1日目 1. b 2. c　2日目 1. b 2. a　3日目 1. b 2. c
4日目 1. a 2. c　5日目 1. a 2. c　6日目 1. a 2. b

まとめの問題（p.152 ～ 154）の答え：
問題1　1 3　2 1　3 2　4 2　5 2　6 3　7 2　8 3　9 1　10 4
問題2　11 4　12 1　13 2　14 4　15 3
問題3　16 2　17 4　18 1　19 2　20 1

模擬試験
もぎしけん

答え・正解文の読み・解説は別冊(べっさつ)にあります。

Answers, readings of correct sentences and explanations can be found in the separate booklet.
Cách đọc và giải thích câu trả lời và câu đúng có trong bản phụ lục.

1回分(かいぶん)の問題数(もんだいすう)は、実際(じっさい)の「日本語能力試験(にほんごのうりょくしけん)」よりも多(おお)くなっています。

The number of questions for one test is more than the actual “Japanese Language Proficiency Test”.
Số câu hỏi trong một lần nhiều hơn cả số câu hỏi trong “kì thi năng lực tiếng Nhật” thực tế.

月　　日（　）

模擬試験

第1回

制限時間：25分
1問4点×25問

答え・正解文の読み・解説は別冊 p.18～19

点数
／100

問題1　（　　　）に入れるのに最もよいものを、1・2・3・4から一つ選びなさい。

1　風邪を（　　　）ように、治りかけには気をつけましょう。

1　かたむかせない　2　うならせない　3　こじらせない　4　ねじらせない

2　彼とは、中学から大学まで同じ学校だったのに、（　　　）話したこともない。

1　ろくに　2　二度と　3　まさか　4　すっかり

3　その詳細については、今週発売の雑誌の（　　　）記事に載っている。

1　独特　2　特色　3　特定　4　特集

4　あの子は乱暴な口をきいていますが、（　　　）は優しいいい子なんです。

1　底　2　面　3　根　4　側

5　いやな過去は忘れて、一から（　　　）。

1　消し去りたい　2　やり遂げたい　3　出直したい　4　たどり着きたい

6　駅前の高層マンションの建築は、今のところ（　　　）に進行しているようだ。

1　ハイテク　2　スムーズ　3　デリケート　4　エコ

7　私は背骨のゆがみを（　　　）ために、毎週、整形外科に通っている。

1　矯正する　2　取り締まる　3　よみがえる　4　見合わせる

8 台風の被害による橋の修理には、（　　　）に言って２週間はかかるでしょう。

1　断然　　2　大まか　　3　若干　　4　雑

9 （　　　）という時に頼りになる人が本当の親友と言えるだろう。

1　いまに　　2　さぞ　　3　もし　　4　いざ

10 我が国の出生率は、前年度を（　　　）という状況が10年以上続いている。

1　引き落とす　　2　引き下げる　　3　下向く　　4　下回る

11 健康診断の結果、医者から酒は（　　　）にするようにと言われている。

1　ほどほど　　2　ぼつぼつ　　3　しぶしぶ　　4　だらだら

12 大会社に就職すれば安心だというのは、（　　　）古い考え方だ。

1　ひいては　　2　もはや　　3　たかが　　4　いやに

13 そんな（　　　）ワンピースは着ると落ち着かないから、私は買わない。

1　巧みな　　2　憂うつな　　3　大胆な　　4　和やかな

14 知事が変わり、この地域の子どもを（　　　）環境に大きな変化があった。

1　取り巻く　　2　割り当てる　　3　受け継ぐ　　4　引き起こす

問題2　＿＿＿の言葉に意味が最も近いものを、１・２・３・４から一つ選びなさい。

15　上司の意見を疑問に思い、つい話の途中に割り込んでしまった。

1　耳をふさいで　　2　口をはさんで　　3　文句を言って　　4　申し入れて

16　丁寧なお返事に、非常に感謝しております。

1　よほど　　2　何と　　3　至って　　4　誠に

17　僕はその事件と関わっていないと胸を張って言えます。

1　じっくりと　　2　ぴたりと　　3　きっぱりと　　4　すんなり

18　兄は食事もまともに取らないで、一日中ゲームに熱中している。

1　はまっている　　2　そまっている　　3　とどめている　　4　こもっている

19　彼は英語がペラペラで驚いた。

1　流暢（りゅうちょう）　　2　巧妙　　3　健全　　4　好調

20　私の開発した試作品が明日出来上がってくる。待ち遠しい。

1　おどおどする　　2　こうこうとする　　3　わくわくする　　4　はらはらする

問題3 次の言葉の使い方として最もよいものを、１・２・３・４から一つ選びなさい。

21 凝る

1 駅前にできた新しいレストランは、凝った造りをしている。
2 二度の失敗に凝ったから、もう結婚は考えない。
3 彼は物事に凝らない、おおらかな性格をしている。
4 ずっと外出を凝っていたので、体がなまっている。

22 意向

1 このクラスの学習意向は、他のクラスに比べて遅い。
2 留学は、意向が弱い人間には難しいと思うよ。
3 社長の意向で、来年度の新入社員の募集がなくなった。
4 アンケートの意向によると、この件について反対という意見が多かった。

23 理屈っぽい

1 近所付き合いが理屈っぽいので、引っ越しを考えている。
2 父は年を取るにつれて、理屈っぽくなった。
3 教授にもっと理屈っぽい論文を書くように言われた。
4 本屋へ行ってみたら、理屈っぽい新刊がたくさんあった。

24 前提

1 この公園の前提からの景色は、見ごたえがあります。
2 その国からの学生が入学してくることは、前提がないことです。
3 前提が長くなりましたが、本題に入りましょう。
4 結婚する前提で交際をしていたが、最近、彼とうまくいっていない。

25 引き立てる

1 預金の利率を引き立ててほしい。
2 この会社には、後輩を引き立ててくれるような先輩はいない。
3 あの事件を引き立てた犯人が、やっと捕まった。
4 床を引き立てるのに、特別な洗剤が必要だ。

模擬試験 第2回

制限時間（せいげんじかん）：25分（ふん）
1問4点×25問
答え・正解文の読み・解説は別冊（べっさつ）p.19～20

点数　／100

問題1（　　）に入れるのに最も良いものを、1・2・3・4から一つ選びなさい。

1 最新の医療と母親の（　　）看病のおかげで、彼の病気は完治した。

1　義理堅い　　2　辛抱強い　　3　欲深い　　4　神経質な

2 お客様のご希望に（　　）、大変申し訳ございませんが、ご了承くださいますようお願い申し上げます。

1　沿えず　　2　果たさず　　3　備えず　　4　負わず

3 私の（　　）行動が原因で、友人に不信感を抱かせてしまった。

1　無口な　　2　勤勉な　　3　素朴な　　4　軽率な

4 彼は、最後に逆転ホームランを（　　）、チームに勝利を導いた。

1　制し　　2　操り　　3　抜かし　　4　放ち

5 必要経費を最小限に（　　）が、経営する店の存続は厳しい。

1　とどめている　　2　とだえている　　3　尽きている　　4　しのいでいる

6 この家は住みやすくて気に入っている。欲を言えば（　　）が、コンセントの位置が残念だ。

1　切れ目がない　　2　先がない　　3　差し支えない　　4　きりがない

7 今月のノルマを達成するという（　　）から、眠れない日が続いている。

1　ハンデ　　2　プレッシャー　　3　トラウマ　　4　ギャップ

8 彼の遅刻の言い訳は、いつも（　　　）である。

1　マニア　　2　ネック　　3　ワンパターン　　4　リップサービス

9 キャンプ場で８歳の少女が消息を（　　　）から、もう２年になる。

1　絶って　　2　亡くして　　3　損なって　　4　減って

10 小学校時代の友人が泊まりに来た。話の（　　　）が尽きなくて、夜を明かした。

1　筋　　2　種　　3　道　　4　先

11 あの人の顔はわかるんだけれど、名前が（　　　）思い出せない。

1　きっかり　　2　さっぱり　　3　あっさり　　4　ずばり

12 私は（　　　）家庭で育ったが、父親の会社が倒産してから苦労の連続だった。

1　純粋な　　2　好ましい　　3　有望な　　4　裕福な

13 お客様の問い合わせメールには、（　　　）返信するよう心掛けてください。

1　すこやかに　　2　なめらかに　　3　しなやかに　　4　すみやかに

14 彼は、人を（　　　）ような態度を取るので、嫌いだ。

1　見下す　　2　見下ろす　　3　見通す　　4　見合わせる

問題 2 ＿＿＿の言葉に意味が最も近いものを、１・２・３・４から一つ選びなさい。

15 その会社の申し出を受け入れるのか、退けるのか、どの道、返事は今週中でという早急な決断が迫られている。

1　いずれにせよ　　2　何でもかんでも
3　ひょっとすると　　4　どうやら

16 希望の大学の入試問題に挑戦したが、まったく取り組めなかった。

1　目が届かなかった　　2　息もつかなかった
3　首が回らなかった　　4　手も足も出なかった

17 少子高齢化が進み、我が国の先行きが不安になってくる。

1　行方　　2　前途　　3　生涯　　4　予知

18 友人の誘いに応じて、ギャンブルに手を出してしまった。

1　寄せて　　2　乗って　　3　向いて　　4　打って

19 彼女の連勝記録を破る相手は、当分現れないだろう。

1　阻む　　2　壊す　　3　妬む　　4　裏切る

20 これは、ここを押すとふたが空いて電源が入るという構造になっています。

1　実態　　2　手際　　3　仕組み　　4　図案

問題３ 次の言葉の使い方として最もよいものを、１・２・３・４から一つ選びなさい。

21 そびえる

1　試合前に気持ちがそびえるのを抑えるために、深呼吸しましょう。

2　このところ、生活費がそびえてしまい、赤字が続いている。

3　この辺りは、空高くそびえる超高層ビルばかりで、緑が少ない。

4　このペンキを塗ると、板がそびえるのを防げます。

22 建設的

1　教室内でわからないことがあれば、先生に建設的に質問しよう。

2　人に言われたわけではなく、その会に建設的に参加した。

3　建設的に言って、その洋服はあなたには似合ってないよ。

4　その話し合いでは、建設的な意見はほとんど出なかった。

23 切ない

1　この辺りは夜になると電灯もなく真っ暗で、切ない。

2　大事な会議に遅刻して切なかった。

3　好きな人に気持ちがわかってもらえず、とても切ない。

4　毎日暑くて雨も多く、切ない天気が続いている。

24 人並み

1　お金持ちにならなくてもいい、人並みに食べていければ十分だ。

2　この子は、まだ物事の人並みがわかっていない年齢だ。

3　人並み通りのやり方では効率が悪く、改善していくべきだ。

4　仕事を人並みにしないで、責任を持とう。

25 見計らう

1　間違いを見計らって、印刷してしまった。

2　今日のお昼ごろ、食事がお済みになったころを見計らって伺います。

3　エアコンの修理を頼んだら、見計らいで５万円かかると言われた。

4　弟は、目的を見計らって、せっかく入った大学を辞めてしまった。

さくいん

え

お

か

き

く

け

こ

さ

し

す

せ

イラスト	花色木綿
翻訳・翻訳校正	Hannah Rosszell ／ Rory Rosszell ／石川慶子／株式会社アミット（英語） Tre Publishing house ／株式会社アミット（ベトナム語） NGUYEN DO AN NHIEN（ベトナム語校正）
編集協力・ＤＴＰ	株式会社明昌堂
装丁	岡崎裕樹
印刷・製本	日経印刷株式会社

「日本語能力試験」対策
日本語総まとめ N1 語彙［増補改訂版］［英語・ベトナム語版］

2010年 3月25日 初版 第1刷発行
2023年 2月21日 増補改訂版 第1刷発行

著 者 佐々木仁子・松本紀子
発 行 株式会社アスク
〒 162-8558 東京都新宿区下宮比町 2-6
TEL 03-3267-6864
発行人 天谷修身

ISBN978-4-86639-516-6

アンケートにご協力ください
PC https://www.ask-books.com/support/ Smartphone

増補改訂版「日本語能力試験」対策
日本語総まとめ
英語・ベトナム語版

N1 語彙

別冊

- 練習 [正解文の読み]
- まとめの問題 [正解文の読み]、[解説]
- 模擬試験 [答え]、[正解文の読み]、[解説]

正解文のルビを隠しながら読む練習もできます。

第1週

1日目　練習（p.13）

① 私の夫は、大変金づかいが**荒い**。
② 彼は、ちょっと時間に**ルーズな**ところがある。
③ 彼女は大スターなのに、とても**気さくな**人です。
④ 豪華で輝きに**気品のある**宝石。
⑤ お金に**いやしい**人は嫌われる。
⑥ あの店員は、だれにでも**愛想がいい**。
⑦ 彼女は将来**有望な**若手議員です。
⑧ 彼は**たくましい**肉体をしている。

2日目　練習（p.15）

① 電車に乗り遅れそうになり、**あせった**。
② 山田先生は、怒ると**おっかない**よ。
③ 旅行に行く日が**待ち遠しい**。
④ 近所に**気兼ねして**楽器の練習が十分にできない。
⑤ 梅雨時は、雨ばかりで**うっとうしい**。
⑥ こんな簡単な問題を間違えてしまい、**情けない**。
⑦ このスピーカーは、**わずらわしい**配線の必要がありません。
⑧ 彼こそ、大統領に**ふさわしい**人物です。

3日目　練習（p.17）

① 肩までお湯によく**つかりましょう**。
② 車の前に飛び出してきた猫を**よけたら**、電柱にぶつかってしまった。
③ 踏切の遮断機を**くぐっては**いけません。
④ それは、私が子どものころ、よく**口ずさんだ**歌です。
⑤ ごはんをのりで**くるんで**食べます。
⑥ しかられた生徒は、**うつむいて**泣いていた。
⑦ 疲れたので、ちょっとソファーで**横になっても**いいでしょうか。
⑧ 休日に庭を**いじる**のが、私の趣味です。

4日目　練習（p.19）

① うちの犬は、母にいちばん**なついて**います。
② 監督と**もめた**その選手は、結局やめさせられてしまった。
③ だれも私のことを**かばって**くれない。
④ 彼女は、ご主人によく**尽くして**います。
⑤ このまんがの主人公は、最後にはやっと悪者を**やっつけた**。
⑥ 彼は親に**ちやほやされて**育った。
⑦ 友達とけんかしたことを先生に**告げ口**された。
⑧ 風邪を**こじらせて**入院する騒ぎになってしまった。

5日目　練習（p.21）

① 風呂場に、かびが**生えた**。
② サルにえさを**あたえないで**ください。
③ カーテンで光を**さえぎった**。
④ 切った玉ネギを水に**さらして**ください。
⑤ 暑いので、つけていたネクタイを**ゆるめた**。
⑥ 手が滑り、ポップコーンを床に**ばらまいて**しまった。
⑦ けんかになりそうになったので、あわてて話を**そらした**。
⑧ 彼と**かわした**約束を破ってしまった。

6日目　練習（p.23）

① 母が病院に通うのに**付き添わなければ**いけない。
② 魚の骨がのどに**刺さった**。
③ 重い熱中症は、意識が**もうろうとしてくる**。
④ 虫に刺された指がこんなに**はれて**しまった。
⑤ 疲れたせいか、目が**かすんで**よく見えない。
⑥ 薬を飲んだら、だいぶ痛みが**和らいだ**。
⑦ **めまい**がするほど、腹が減っている。

⑧ 病気の進行が**早まり**、彼はついに意識不明になってしまった。

7日目　まとめの問題（p.26～28）

問題1

1 **ぜんそく**の発作が起きるとせきが止まらなくなる。

2 彼女と手をつないで歩いていたら、友達に**冷やかされた**。

3 気に入って買ったバッグを友達に**けなされて**、気分が悪かった。
＊けなされて（＝非難されて）

4 ３歳ぐらいの女の子が、**無邪気に**公園で遊んでいた。

5 彼はだれにでも優しい**思いやりがある**人で、みんなに好かれている。

6 バスタオルを**まるめて**枕の代わりにした。

7 母に**うながされて**早く家を出た。
＊うながされて（＝早くするように言われて）

8 長い間立ちっぱなしだったので、足が**むくんで**しまった。

9 これは、みそを**こす**調理器具です。

10 細いひもを何本も**たばねて**、太いロープを作った。

問題2（______は正しい表現の例）

11 敵も**しぶとく**、なかなか負けを認めない。
＊「しぶとい」は我慢強い様子を表す
2．この柿はちょっと渋い（p.36）
3．渋いお茶（p.36）
4．木が太くなってきた

12 彼女は**近寄りがたい**ほど美しい。
1．気さく⇔近寄りがたい

13 彼は、新しい腕時計をみんなに**見せびらかして**いた。
＊「見せびらかす」は自慢して見せるという意味
3．食事をごちそうします／おごります

14 そのパーティー会場には、**むせる**ほど人が来ていた。
＊「むせる」は息がつまりそうになるという意味
4．だんだんむくんで／はれてきた

15 私の初恋は**片思い**で終わってしまった。
＊「片思い」は男女で一方が好きだが一方は好きではない状態を言う

問題3

16 あの若者は、**勇ましくて**（**りりしくて**）立派だ。

17 一人で行くのはいやだ。だれか**付きそって**（一緒に行って）ほしい。

18 だめだとわかったら、**いさぎよく**（**きっぱり**）あきらめよう。

19 彼は上司の命令に**そむいて**（反して）行動したため、首になった。

20 寄付は**しいられる**（**強制される**）としたくなくなるものだ。

第2週

1日目　練習（p.31）

① 東京駅で電車の乗り換えに**まごついた**。
② ピントが合っていない**ぼけた**写真。
③ 彼は自分に才能があると**うぬぼれて**いる。
④ あの建物は、かなり**こった**造りをしている。
⑤ １時間待ってもバスが来ない。もう待ち**くたびれた**よ。
⑥ 彼は自分の失敗を**なげいた**。
⑦ 夢が**かなって**プロの野球選手になれた！
⑧ その少年は、年齢を**ごまかして**酒を買った。

2日目　練習（p.33）

① 最近、先の**とがった**靴がはやっているようだ。
② 戸が**きしんで**、キーキーうるさい音がする。
③ このシチューは、牛肉が**とろける**ようにやわらかくて、とてもおいしい。
④ 母が穴のあいた靴下を**つくろって**くれた。
⑤ バットを振ったが、ボールは**かすった**だけで飛ばなかった。
⑥ メガネが合わないのか、字が**ぼやけて**よく見えない。
⑦ この布は、水を**はじく**加工がされている。
⑧ 虫歯で顔が**はれて**しまった。

3日目　練習（p.35）

① 彼の順位は、周囲の予想を**くつがえして**３位に終わった。
② 結婚式のスピーチで、型に**はまった**あいさつが続いた。
③ 左右のバランスが**つりあって**いない。
④ 彼は、山の草や木の実を食べて飢えを**しのいだ**らしい。
⑤ そのとき一瞬、雲が**とぎれて**日が差した。
⑥ 浮気が妻に**ばれて**しまった。
⑦ 酔っ払いに**からまれて**、けんかになった。
⑧ その村の人口の減少は、**とどまる**ことがなく、とうとう小学校もなくなってしまった。

4日目　練習（p.37）

① あの役者はとても落ち着いた**渋い**演技をする。
② そのサッカー選手は**たくみな**技で、観客を魅了した。
③ スタートは**好調**だったのに、最後は力が尽きて最下位になった。
④ 彼女はいつも**きらびやかな**アクセサリーを身につけている。
⑤ 当店は、お客様に**細やかな**サービスを提供しています。
⑥ 景気は**ゆるやかに**回復しています。
⑦ パーティーは**なごやかな**雰囲気で進行していった。
⑧ 夫婦**円満**で、幸せな生活を送っています。

5日目　練習（p.39）

① ドライブの前に**念入りに**車の点検をした。
② 一軒家といっても、二部屋だけの**ちっぽけな**家です。
③ 子育ては決して**たやすい**ことではない。
④ 電話から**ぶきみな**声が聞こえてきた。
⑤ **みっともない**から、電車の中でお化粧するのはやめなさい。
⑥ 生まれて１週間で死ぬという**はかない**命の虫。
⑦ 友人に金を貸してほしいと言ったら、**ろこつに**いやな顔をされた。
⑧ 警察は、その詐欺師の**あくどい**手口を解明した。

6日目　練習（p.41）

① **おおかた**の人が、彼の意見に賛成した。
② 今回、価格を**大幅に**値下げしました。
③ 消費税の値上げには**断然**反対します。
④ この分野は、ここ10年で**めざましい**進歩を遂げた。
⑤ このあたりは**いたるところ**にコンビニがあります。
⑥ 砂糖は**若干**多めに入れたほうがおいしいです。
⑦ 口げんかでは妻のほうが**圧倒的に**強い。
⑧ **いかなる**場合でも相談に応じます。

7日目　まとめの問題（p.44～46）

問題１

1 一度払い込んだ入学金は、**いかなる**理由があっても返金しません。

＊いかなる（＝どんな）

2 母はいつも「お金がない、お金がない」と**ぼやいて**いる。

＊ぼやいている（＝文句を言っている）

3 彼女はいま、ロックに**かぶれて**います。

4 凶悪犯は**あっけなく**逮捕されてしまった。

＊あっけなく（＝簡単に）

5 このプリンはとても**なめらかな**舌触りですね。

6 母の愛情の**こもった**手作りのお弁当。

7 地震で倒れたビルの下から**かすかな**声が聞こえる。

8 津波はその地方に大きな被害を**もたらした**。

＊もたらした（＝引き起こした）

9 近所に雷が落ちて、**ものすごい**音がした。

10 安かったから仕方がないかもしれないが、このソファーは作りがとても**雑**です。

＊作りが雑（＝ていねいに作られていない）

問題2（＿＿＿は正しい表現の例）

11 袋が大きく、**かさばって**持ちにくい。

＊「かさばる」は物が場所をとり、じゃまな状態を表す

1．食事代がかさんでしまった

12 社長との面談で、緊張のあまり**どもって**しまった。

＊「どもる」は話すときに言葉が滑らかに出ない様子を言う

2．家に明かりがともっている

3．頭がだんだんぼけてきた

4．パソコンがついにこわれた／いかれた

13 怒った妻は「勝手にすれば？」と**そっけない**返事をした。

＊「そっけない」は人への態度が冷たい様子を表す

2．事件はあっけなく解決した

3．あっさり／簡単には合格できないでしょう

14 あんなにはやったゲームだが、あっという間に**すたれて**しまった。

1．植木が枯れてしまった

4．ごまかしてもだめだよ

15 そういえば、**ひさしく**すきやきを食べていないなあ。

＊「久しい」は長い時間が経過している様子

1．久しぶりに素晴らしい映画を見た

4．親しくない関係の人には…

問題3

16 久しぶりにジョギングをしたら、**ばてた**（とても疲れた）。

17 私はスポーツは何でも得意だが、水泳だけは田中さんに**かなわない**（負ける）。

18 それは、どこにでもいる**ありふれた**（平凡な）虫です。

19 久しぶりに会った高校時代の同級生は、とても**ふけて**（実際の年齢より上に）見えた。

20 そのスケート選手は、最初のジャンプを**しくじって**（失敗して）しまった。

第3週

1日目　練習（p.49）

① 雨の日が続いて、部屋が**じめじめ**している。

② 犬がえさを前にして、**だらだら**よだれをたらしている。

③ 運送料は業者によって**まちまち**です。

④ 野原をちょうちょが**ひらひら**飛んでいる。

⑤ **ばらばら**のジグソーパズルを組み合わせて完成させた。

⑥ **すらすら**と日本語が読めるようになりたい。

⑦ 契約に失敗した。上司は**かんかんに**怒るだろう

なあ。

⑧ 絶対に当選すると思っていたので、彼が落選したのは**はなはだ**残念なことです。

2日目　練習（p.51）

① 彼は住居を**転々**とした。

② このラーメン屋には**ちょくちょく**きます。

③ 済んだことをいつまでも**くよくよ**しても仕方がない。

④ 話題の本を買おうと思って**ほうぼう**探したが、どこも売り切れだった。

⑤ このレポートは**ところどころ**字の間違いはあるが、いい内容だ。

⑥ 彼女は、文句を言いながらも**しぶしぶ**仕事を手伝ってくれた。

⑦ 今から駅に向かったら、10 時の電車に**ゆうゆう**間に合うでしょう。

⑧ 彼は家を買う資金を**こつこつ**貯めている。

3日目　練習（p.53）

①「たばこ」という言葉は**てっきり**日本語だと思っていたけど、違うんだね。

② 彼は、それが自分の犯行であることを**あっさり**認めた。

③ ライトアップで東京タワーが夜空に**くっきりと**浮かび上がった。

④ 彼女は**さっと**立ち上がって、座席を老人に譲った。

⑤ 新しい携帯電話の使い方が**さっぱり**わからない。

⑥ 今日限りで**きっぱり**と酒をやめます。

⑦ 遊んだ後はおもちゃを**きちっと**片付けなさい。

⑧ 運動して汗を**びっしょり**かいた。

4日目　練習（p.55）

① 彼女はぐっすり寝ていて、**いっこうに**目を覚ます気配がない。

② 私は**いまだに**海外旅行をしたことがない。

③ 新タイプの機種ですが、値段は**さほど**高くないですよ。

④ 最初は違和感があるけど、**じきに**慣れるよ。

⑤ 妻は**四六時中**文句を言っている。

⑥ 後ろから**不意に**呼びかけられて驚いた。

⑦ 最近の高校生は**片時も**携帯電話を離さない。

⑧ 30 年ぶりに母校を訪ねたら、**かつて**校庭だったところに大きなマンションが建っていた。

5日目　練習（p.57）

① このカップ麺は、あそこのラーメン屋より**よっぽど**おいしい。

② 彼は何も言わないが、**さも**いやそうな顔をしている。

③ 虫に刺されたところをかいたら、**なおさら**かゆくなった。

④ あのおばあさんは、昔は**さぞかし**美人だったことでしょう。

⑤ 今日、外は**やけに**寒いです。

⑥ 棚の角に**もろに**頭をぶつけてしまった。

⑦ 試験問題はとても難しく、**てんで**わからなかった。

⑧ 年をとっても健康でいられるということは**なにより**ですね。

6日目　練習（p.59）

① 夫婦円満だと思っていたのに、**どうやら**彼らは離婚したらしい。

② **仮に**手術したとしても、彼は助からなかっただろう。

③ あれ、おかしい。**ひょっとすると**道を間違えた

かもしれない。

④ チームは**かろうじて**予選を勝ち抜いた。

⑤ お客様には**つとめて**笑顔で接してください。

⑥ 申し訳ありません。その本は**あいにく**在庫を切らしております。

⑦ これは、季節の野菜を**ふんだんに**使った料理です。

⑧ いくつも提案したが、私の案は**ことごとく**受け入れられなかった。

7日目　まとめの問題（p.62～64）

問題１

1 うそをついているのがばれるのではないかと、**はらはら**した。

2 父は**再三**医者に忠告されているにもかかわらず、酒をやめようとしない。

＊再三（＝何回も）

3 衝突事故を起こした車は、**ぐちゃぐちゃに**つぶれていた。

＊ぐちゃぐちゃに（＝めちゃめちゃに）

4 荷物は、**とりあえず**そこに置いておいてください。

5 徹夜で作業して、**かろうじて**期限に間に合わせることができた。

＊かろうじて（＝何とか／ぎりぎりで）

6 ブランド品と見れば何でも買う彼女には、**つくづく**愛想が尽きた。

＊つくづく愛想が尽きる（＝本当にいやになる）

7 赤ちゃんの肌は**つやつや**している。

＊光っている様子

8 彼に注意しなくても、**おのずと**その間違いに気が付くだろう。

＊自ずと（＝自然に）

9 そろそろ失礼します。**長々**とおじゃましました。

＊長々と（＝長い時間）

10 最近、昼食は**もっぱら**隣のラーメン屋で済ませています。

＊もっぱら（＝いつも）

問題２（＿＿＿は正しい表現の例）

11 そんな自分勝手な要求は、**到底**受け入れられません。

＊「到底」は「どうやっても」の意味で後に否定が来ることが多い

1．じきに／そのうち進展するでしょう

4．絶対に吸わないでください

12 傘が無かったので、かばんの中まで**ぐっしょり**ぬれてしまった。

＊「ぐっしょり」は水にぬれた様子を表す

3．雨がざあざあ降っていた

4．部屋がじめじめしている

13 最近のテレビは同じような番組ばかりで、**うんざり**だ。

＊「うんざり」は飽きていやになった気持ちを表す

1．じっくり考えてからお返事いたします

3．力なくぐったりと寝ていた

4．さっぱり／ちっともわかりません

14 新型ロケットの打ち上げは、**ことごとく**失敗してしまった。

＊「ことごとく」は「全部」の強調で硬い表現

2．とりわけ／とくに好きです

3．駅までひたすら走り続けて…

15 私は、甘いものの中でも**とりわけ**ショートケーキが好きです。

＊「とりわけ」は「特に」の少し硬い表現

1．取りあえずビールをお願いします

2．たいてい／もっぱら家でごろごろしています

3．遠いところをわざわざお越しいただき…

問題3

16 花は何でも好きですが、**ことに**（特に）バラが好きです。

17 あの先生の哲学の講義は、私には**まるっきり**（まったく）理解できなかった。

18 参加ご希望の方は、**あらかじめ**（前もって）申込書を提出しておいてください。

19 彼は、**しょっちゅう**（たびたび）遅刻します。

20 横柄な店員の態度に**むかむかした**（腹が立った）。

第4週

1日目　練習（p.67）

① 息子もそのうち、物事の良し悪しの**分別**がつくようになるだろう。

② 田中さんの意見に全員が**同意**した。

③ 彼は平気な顔をしているが、**内心**は穏やかではない。

④ これは、オークションで**入手**した中古の冷蔵庫です。

⑤ この掃除機は小さくて軽いので、**手軽**に持ち運べる。

⑥ このメールの差出人には**心当たり**がありません。

⑦ 家族で**手分け**して、家中の掃除をした。

⑧ 給料をもらっても、支払いが多くて、**手元**にはいくらも残らない。

2日目　練習（p.69）

① 彼は面倒なことはいつも**後回し**にする。

② 彼の**出生地**は、青森です。

③ 息子はゲームに熱中していて、話しかけても**上の空**だ。

④ 火事が発生して、消防車が**出動**した。

⑤ しょうゆで**下味**をつけておいたので、焼くだけですぐ食べられます。

⑥ **人気**のない公園で火事が起こった。

⑦ 問い合わせに対する**回答**がやっと届いた。

⑧ さあ、**気合**を入れてがんばろう！

3日目　練習（p.71）

① 日本では、少子高齢化が**進行**している。

② **万人**の共通の願いは、健康であることだ。

③ 政府が緊急**声明**を発表した。

④ 車の中だと、**人目**を気にせず大声で歌を歌える。

⑤ その件に関しては、**目下**検討しているところです。

⑥ 私が**先頭**に立って改革を成しとげるつもりです。

⑦ 住宅ローンが我が家の**家計**を圧迫している。

⑧ あの俳優は、実力より人気が**先行**しているね。

4日目　練習（p.73）

① 嵐のため、電車のダイヤが**終日**乱れた。

② これは、業者向けなので**小売り**はしません。

③ こうなったら**意地**でも完成させてみせよう。

④ 仕事の**合間**に、お気に入りのコーヒーショップに立ち寄った。

⑤ 大雪なので、外出するのを**見合わせた**。

⑥ 彼は、いまだに親から**自立**できていない。

⑦ 湖で、**正体**不明の生物が目撃された。

⑧ 警察は、その事件の捜査に**着手**した。

5日目　練習（p.75）

① 本日の講演の**主題**は、エコロジーです。

② その国は、世界有数の石油**産出国**である。

③ 父の**代理**で市役所に介護保険の申請に行った。

④ 京都には、伝統的な年中**行事**が多くあります。

⑤ 彼とは大学を卒業して以来、**音信不通**です。

⑥ 会社の繁栄のために、**世代交代**は避けられないだろう。

⑦ パイナップルは、ハワイの**特産物**です。

⑧ 薬の**副作用**で、髪の毛が抜けてしまった。

6日目　練習（p.77）

① 次期社長は田中専務だろうという意見が**有力**だ。

② 川の**土手**に沿って道路がある。

③ 酒の席で、つい**本音**を打ち明けてしまった。

④ 今年度の**国家**予算は、前年を上回った。

⑤ 新しいプロジェクトを**発足**させた。

⑥ 2週間で10ヵ所も回るという無理なスケジュールを**強行**した。

⑦ その銀行は、一時**国有化**された。

⑧ その家は、崖が崩れて大量の**土砂**に埋まった。

7日目　まとめの問題（p.80～82）

問題1

1 このバッグは、財布を入れるのに**手ごろ**な大きさだ。

＊手ごろな（＝ちょうどいい）

2 その会社は、この春、海外に**進出**するらしい。

3 彼は、**下心**があって、大金持ちの彼女にアプローチした。

＊下心（＝ひそかに考えていること）

4 警察は、犯人逮捕の**手がかり**をつかんだようだ。

5 彼は、親に言われたのではなく、**自発的**に留学したいと言った。

＊自発的に（＝自分から進んで）

6 この病気**特有**の症状は、下痢と吐き気です。

＊特有の（＝それだけが持っている）

7 長野県の**名産**はりんごです。

8 今度の展覧会には、この絵を**出品**しよう。

9 リストラされた彼は、今はコンビニのバイトで**生計**を立てている。

＊生計を立てる（＝生活するためのお金を稼ぐ）

10 この地方では、正月に川で泳ぐという**風習**がある。

問題2（____は正しい表現の例）

11 ペットブームが最近**下火**になってきた。

＊「下火になる」は盛んだったことの勢いがなくなるという意味

12 味付けを間違えてしまい、せっかくのシチューが**台無し**になってしまった。

＊「台無し」はすっかりだめになること

13 この経験を**生かして**、今後の仕事に役立ててください。

＊「生かす」は効果的に使うこと

14 容器は商品の**目方**に含まれていません。

＊「目方」は物の重さのこと

1．行方が不明なので…

2．人目を避けて帰っていった

3．どうなるか、予測が付かない

15 これは原価は安いのに、**小売り**価格があまりに高い。

＊「小売り価格」は消費者が買う価格

2．コンサートの前売り券

4．建売住宅

問題3

16 彼は、ある現象に**着目して**（注意を向けて）、新しい発見をした。

17 彼が来たら、すぐ出発できる**手はず**（準備）は整っている。

18 事故の影響で、バスのダイヤは**終日**（一日中）乱れた。

19 **目下**（その場）のもうけに目がくらんで株を売ってしまい、後でたいへん後悔した。

20 学問でもスポーツでも**土台**（基礎）が大事だ。

第5週

1日目　練習（p.85）

① 彼は、**前科**があるので、就職は難しいだろう。
かれ　ぜんか　しゅうしょく　むずか

② **正当**な理由がなく、この建物に入ることは禁止します。
せいとう　りゆう　たてもの　はい　きんし

③ 公園で**身元**のわからない遺体が見つかった。
こうえん　みもと　いたい　み

④ 大地震が来るというので、とりあえず**身の回り**のものだけを持って避難所に行った。
おおじしん　く　みまわ　も　ひなんじょ　い

⑤ 彼は**表向き**は普通の会社員だが、実は刑事です。
かれ　おもてむ　ふつう　かいしゃいん　じつ　けいじ

⑥ 古い車を**下取り**に出して新車を買いました。
ふる　くるま　したど　だ　しんしゃ　か

⑦ 新人タレントを売り出すためには、いろいろな**根回し**が必要だ。
しんじん　う　だ　ねまわ　ひつよう

⑧ あなたの給料は、税金を差し引いて、**手取り**でこの金額になります。
きゅうりょう　ぜいきん　さ　ひ　てど　きんがく

2日目　練習（p.87）

① 小さい輪がいくつも**連なった**ネックレス。
ちい　わ　つら

② 犯人の**予告**どおり、犯行が行われてしまった。
はんにん　よこく　はんこう　おこな

③ もらった報酬を全員で**公平に**分けた。
ほうしゅう　ぜんいん　こうへい　わ

④ その店員は**誠実に**対応をしてくれた。
てんいん　せいじつ　たいおう

⑤ 彼は、母親に万引きをしてしまったことを**告白**した。
かれ　ははおや　まんび　こくはく

⑥ 我々は、自然と**調和**のとれた街づくりを目指している。
われわれ　しぜん　ちょうわ　まち　めざ

⑦ その俳優が実は結婚しているということが、先日、**公**になった。
はいゆう　じつ　けっこん　せん　じつ　おおやけ

⑧ 彼は、入院中に書いた**手記**をまとめて出版した。
かれ　にゅういんちゅう　か　しゅき　しゅっぱん

3日目　練習（p.89）

① 会議で新しい製品の必要性を**説いた**。
かいぎ　あたら　せいひん　ひつようせい　と

② これは、本物を忠実に**再現**した模型です。
ほんもの　ちゅうじつ　さいげん　もけい

③ 親に**説得**されて、進学をあきらめた。
おや　せっとく　しんがく

④ 魚市場で新鮮な魚介類を**仕入れた**。
うおいちば　しんせん　ぎょかいるい　しい

⑤ 彼は、まじめで**人柄**の良い人物です。
かれ　ひとがら　よ　じんぶつ

⑥ 定期預金に少しだけ**利子**がついた。
ていきよきん　すこ　りし

⑦ 彼は、失敗するといつも見苦しい**言い訳**ばかりする。
かれ　しっぱい　みぐる　いわけ

⑧ 最近は、情報という文字を**有する**学部が多い。
さいきん　じょうほう　もじ　ゆう　がくぶ　おお

4日目　練習（p.91）

① 彼女は、歌手を**志して**上京した。
かのじょ　かしゅ　こころざ　じょうきょう

② 年を取っても、彼の腕は**鈍って**いない。
とし　と　かれ　うで　にぶ

③ 健康を**損なわない**ように注意してください。
けんこう　そこ　ちゅうい

④ この失敗については、彼が全責任を**負う**そうだ。
しっぱい　かれ　ぜんせきにん　お

⑤ 我が社の製品は、すべて安全基準を**満たしてい**ます。
わ　しゃ　せいひん　あんぜんきじゅん　み

⑥ この子には芸術の才能が**備わっている。**
こ　げいじゅつ　さいのう　そな

⑦ リサイクルして物を作るのには、実はかなりのエネルギーを**費やす**らしい。
もの　つく　じつ　つい

⑧ 我が国も、かつては天然資源に**富んでいた。**
わ　くに　てんねんしげん　と

5日目　練習（p.93）

① 夕焼けで赤みを**帯びた**空がきれいだ。
ゆうや　あか　お　そら

② 父は、料理の面白さに**目覚めた**らしく、毎日台所に立っている。
ちち　りょうり　おもしろ　めざ　まいにちだい　どころ　た

③ 彼女は、毎日異国で暮らす息子の健康を**案じている。**
かのじょ　まいにちいこく　く　むすこ　けんこう　あん

④ 我がチームは、やっと最下位から**脱する**ことができた。
わ　さいかい　だっ

⑤ 最近、この地方に大きい地震が**相次いで**起こっている。
さいきん　ちほう　おお　じしん　あいつ　お

⑥ 兄は、土日はマージャンに**興じている。**
あに　どにち　きょう

⑦ 彼は、親の教えに**背いて、**不良になってしまった。
かれ　おや　おし　そむ　ふりょう

⑧ 彼は、父親が**築いた**財産を次々と売ってしまった。
かれ　ちちおや　きず　ざいさん　つぎつぎ　う

6日目　練習（p.95）

① 朝の電車は、**過密な**ダイヤで運行している。
② 株の売買は、**自己責任**で行うものです。
③ チラシの 30 日（土）は**誤り**です。正しくは 30 日（日）です。
④ この切手は、将来**値打ち**が出るかもしれない。
⑤ フリーズしたパソコンを**強制的に**終了させた。
⑥ 彼は、知事選に立候補する**決意**を固めたようです。
⑦ 事故の現場を**目の当たり**にして、恐ろしかった。
⑧ これは、我が社が開発した**画期的な**新技術です。

7日目　まとめの問題（p.98 ～ 100）

問題 1

1 新薬の開発は、実験動物を対象に安全性や効果を**試さなければ**ならない。

2 兄弟でもめないように、ケーキを**公平**に切り分けた。

＊公平（＝平等）

3 **身内**だけでささやかな結婚式を挙げた。

＊身内（＝家族や親しい親せき）

4 隣人は変わっているが、このあたりは環境に**恵まれている**地域で気に入っている。

5 この新しい装置は、自動車産業にとって、**画期的**な発明である。

＊画期的な（＝これまでとまったく違う新しい）

6 彼の推理は、はなはだしく**見当**違いだ。

＊見当違い（＝推測・判断が違っている）

7 彼は、まだ高校 1 年生だが、将来**有望**な野球選手になるだろう。

8 仕事をサボってマージャンに**興じて**いたところを、上司に見つかってしまった。

＊に興じる（＝おもしろくて熱中する）

9 **従来**通りのやり方ではだめだ。別の対策を考えなければならない。

＊従来（＝今まで通り）

10 彼女の家がゴミだらけだという**実態**を誰も知らない。

＊実態（＝実際の状態）

問題 2（＿＿＿は正しい表現の例）

11 彼のジョークのおかげで、固かった雰囲気が一気に**和んだ**。

1．寝たらすっきりしました／落ち着きました

12 **勝手**に決めないで、私にも相談してください。

＊「勝手」はほかの人のことを考えず、自分だけで、という意味

13 社員を大事にしない会社は、信頼に**値しない**。

＊「～に値しない」は「～の価値がない」「～の値打ちがない」という意味

14 選挙での**根回し**が失敗して、彼は落選したと言われている。

3．書類を回覧しておいてください

15 今度の仕事は、かなり**実入り**がよい。

1．新入り／新人が来た

問題 3

16 この電球は高いが、大幅な電気代の節約になるという**利点**（メリット）がある。

17 成績でずっと一位を**保つ**（維持する）のは難しいことです。

18 私の母は、用事を**指図して**（**言いつけて**）ばかりで、自分では何もしない。

19 そちらに伺いたいのですが、**最寄りの**（一番近い）駅はどこでしょうか。

20 父の**命令に背いて**（命令を聞かないで）、大学をやめた。

第6週

1日目　練習（p.103）

① 彼のギャグは、全然**うけなかった**。
② パンにハムを**はさんで**食べました。
③ つい口を**すべらせて**、彼の秘密をばらしてしまった。
④ そのときの経験が、今の自信に**つながっている**。
⑤ 彼女が結婚するといううわさを耳に**はさんだ**。
⑥ ドアを開けるとき、手が**すべって**持っていた本を落としてしまった。
⑦ 彼らは戸籍上は兄弟だが、血は**つながって**いない。
⑧ 彼の家は、うちの前の道路を**はさんで**向こう側にある。

2日目　練習（p.105）

① 会議で反対意見が出ないよう、事前に手を**引いて**おいた。
② こんなに遅い時間まで子どもを**連れ回す**のは、非常識だ。
③ 桜の花びらが風に**乗って**運ばれてきた。
④ この肉はまだ火がじゅうぶんに**通って**ないから、もう一度焼いてください。
⑤ 彼女は、泣いてみんなの注意を**引いた**。
⑥ 彼は、イギリスではかなり名の**通った**作家です。
⑦ 気が**乗らない**けれど、上司に飲みに誘われたら断れない。
⑧ 彼の提案は筋が**通っている**が、実現するのは難しいだろう。

3日目　練習（p.107）

① 彼とは固い友情で**結ばれて**いる。
② 彼らは結婚して数年間は、幸せな日々を**送って**いた。
③ 努力が実を**結んで**、実験に成功した。
④ 私は胸を**はって**、この作品には自信があると言えます。
⑤ 操作を間違ったらしく、一瞬でデータが**とんで**しまった。
⑥ 彼女の誤解が**とける**には時間がかかるだろう。
⑦ パチンコで一万円札が**飛んで**いった。
⑧ その2社は、合併の契約を**結んだ**。

4日目　練習（p.109）

① これからのローンの返済を考えると気が**重い**。
② この仕事を**あまく**見ていると、あとで大変だよ。
③ 彼にそのように言ったのは非常に**まずかった**。
④ やっと不況を脱したようで、今後の景気の見通しは**明るい**。
⑤ タバコをやめようと**かたく**決心をした。
⑥「大もうけできますよ」という**甘い**誘いにのって、全財産を失ってしまった。
⑦ 彼は、頭が**かたい**から、自分の意見を変えないでしょう。
⑧ 我が社は今回の事故を**重く**受け止め、再発防止に努めます。

5日目　練習（p.111）

① 長い人生には、良いときと悪いときの**波**がある。
② 今日の授業は、**ばかに**難しかったね。
③ ホテルを**後にして**、駅へ向かった。
④ 通うのはいいが、交通費がバカに**ならない**。
⑤ その病原菌の**息の根**を止める新薬が発明された。
⑥ 昔のことをいつまでも**根に持つ**のはやめましょう。
⑦ 警官は、その不審な男の**後をつけた**。
⑧ 正直者が**バカをみない**社会であるべきだ。

6日目　練習（p.113）

① 首相はきちんと**筋の通った**説明をした。
② 天候に恵まれて、工事はだいぶ**先へ**進んだ。
③ **話の種**に、新しくできたレストランへ食べに行ってみた。
④ 犯人の**当たり**をつけて、捜査を開始した。
⑤ 君は**筋**がいいから、すぐに試合に出ることができるだろう。
⑥ 一人前の医者になるまでの**道**は長いですよ。
⑦ ラッシュアワーの時間、乗客は**先**を争って電車に乗ったり降りたりしている。
⑧ 彼は、覚醒剤に手を出すという、人の**道**に外れたことをした。

7日目　まとめの問題（p.116～118）

問題1

1 彼は、芸能界の話題にとても**明るい**。
　＊明るい（＝詳しい）
2 彼女は、口は悪いけど**根**はやさしい人ですよ。
　＊根（＝本来の性質）
3 息子は、頭が少し**かたい**。頑固な父親にそっくりだ。
4 うまい話に**乗らない**ように気をつけよう。
5 何回も振り込みをすると、手数料が**バカにならない**。
　＊バカにならない（＝軽視することができない）
6 もう遅いので、後は明日に**回して**今日は帰りましょう。
7 もう少しスピードを出していたら、大事故に**つながる**ところだった。
8 妻は、私が昔、浮気をしたことを、いまだに**根**に持っているようだ。
9 子どもの学費の支払いでボーナスが**飛んで**しまった。
　＊飛ぶ（＝すぐに消えてなくなる）
10 親友が詐欺で逮捕されて、とてもショックを**受けた**。

問題2　（＿＿＿は正しい表現の例）

11 その会社は不況の**波**を受けて、ついに倒産してしまった。
　1．＊「波に乗る」は調子のいい様子を表す
12 湖水の上を白鳥が**すべる**ように泳いでいる。
　1．手がすべってコップを落としてしまった
　2．口がすべってしまい
13 彼の主張は、一応、筋が**通って**いる。
　2．手を回した。
　3．駅まで送っていきましょう
　4．問題がやっと解けた
14 ブレーキランプのヒューズが**飛んで**しまった。
　2．氷が一気に解けてしまった
　3．髪の毛が抜けて、はげてきた
15 私の父は、世界の地理に**明るい**。
　＊「地理に明るい」は地理に詳しいという意味
　1．責任感のある／強い人
　4．孫に甘い

問題3

16 ここでは**まずい**（都合が悪い）から、別の場所で話そう。
17 彼は、**身を引いて**（自分からやめて）、後輩に仕事を譲った。
18 手品の**種**（**仕掛け**）がばれた。
19 わがチームの優勝は**かたい**（間違いない）でしょう。
20 授業料のことを考えると**気が重い**（憂うつだ）。

第7週

1日目　練習（p.121）

① 彼が**カンニング**したのは明白だ。
② 会議でモニターを使って**プレゼン**をした。
③ これは、**バイオ**の技術を利用して作った害虫に強い野菜です。
④ 会社を**リストラ**されたらどうしよう。
⑤ 彼は時間に**ルーズ**な人間だ。
⑥ エコカーには**ハイテク**技術がたくさん使われている。
⑦ いいマンションだが、交通の便の悪さが**ネック**になって、なかなか借り手がいない。
⑧ ハリウッドスターの**ギャラ**はとても高い。

2日目　練習（p.123）

① 彼女は、顔と声にずいぶん**ギャップ**があるね。
② **バブルがはじけて**、経済は落ち込んだ。
③ **ラフな**格好で行ってもいいでしょうか。
④ 優勝のかかった最後の試合だから、かなりの**プレッシャー**だ。
⑤ **セキュリティー**対策は十分にしてあります。
⑥ ふかふかで**ソフト**な肌触りの毛布を買った。
⑦ 新型の車両は、より**シャープ**なデザインになった。
⑧ **ノルマ**があまりにもきつかったので、営業の仕事をやめました。

3日目　練習（p.125）

① 注意したら、彼は突然**キレた**。
② ぼくは、自分の英語力を**グレードアップ**したい。
③ スリーサイズを計って**オーダーメイド**のスーツを作った。
④ 私は不運な経験が多いせいか、物事を**プラス**に考えられなくなっています。
⑤ 彼女が２歳年下の医師と来春**ゴールイン**するという記事が雑誌に載っていた。
⑥ 私は休日に、本業とは全く別の**サイドビジネス**をしています。
⑦ ご購入いただいた方には、さらに**プラスアルファ**の特典が付きますよ。
⑧ ３人に２人は、同じ本を**ダブって**買ってしまったという経験があるそうだ。

4日目　練習（p.127）

① 花火を**打ち上げた**。
② 昨夜、友達に借りていたお金を強引に**取り立てられた**。
③ 昨日、その通りで酔っ払い運転の**取り締まり**をしていた。
④ 北海道から評判のチョコレート菓子を**取り寄せた**。
⑤ 友人に悩みを**打ち明けた**。
⑥ 一人の中年女性が列に**割り込んで**きた。
⑦ その選手は事故を起こして、引退に**追い込まれた**。
⑧ ゴマ油がこの料理の味を**引き立てて**いる。

5日目　練習（p.129）

① 首相は政権を途中で**投げ出した**。
② **出っ張った**釘で服が破けてしまった。
③ 売り上げがどんどん**落ち込んで**いる。
④ 名前を呼ばれて**振り返ったら**、山田さんだった。
⑤ ガムを口に**放り込んだ**。
⑥ 夜中にこっそり家を**抜け出して**、遊びに行った。
⑦ 彼は、ギターの練習に**打ち込んで**いる。
⑧ このあたりは、海を**埋め立てて**作った土地だ。

6日目　練習（p.131）

① 彼は、絶対やってないと**言い張った**。

② 詐欺にあって、店を**乗っ取られた**。
③ イルカが２匹、仲よく**寄り添って**泳いでいる。
④ 開店したら、大勢のお客さんが**押し寄せて**きた。
⑤ 彼は、医師の忠告を**押し切って**試合に出た。
⑥ 客がいなければ商売は**成り立たない**。
⑦ ついに問題集を丸々一冊**やりとげた**。
⑧ 気持ちを**切り替えて**、さあ、また一から出直しだ。

7日目　まとめの問題（p.134 ～ 136）

問題１

1 そのバンドは、デビュー10年目で**ブレイク**した。

＊ブレイクした（＝急に人気が出た）

2 私は、ふだんお酒を飲むと**テンション**があがるが、今日はまったく気分がよくならない。

＊テンションが上がる（＝気分が盛り上がる）

3 警察は誘拐犯と、人質を解放させるための**取り引き**をした。

＊取り引きをする（＝交渉をする）

4 人気番組もあまり長く続くと**マンネリ**化してくるものだ。

＊マンネリ化（＝同じような感じでつまらなくなる）

5 最近の携帯電話は機能が多くて、全部を**使いこなす**のは大変です。

6 今週はスケジュールが**タイト**なので、映画に行くのは来週にしよう。

＊タイトだ（＝きつい）

7 お近くにお越しの際は、ぜひ**お立ち寄り**ください。

8 そのマラソン選手は、なぜか中間地点を**折り返した**ところでコースを外れた。

9 彼が変なことを言って**かき回した**ので、楽しいパーティーが台無しになった。

＊かき回す（＝混乱させる）

10 予算が**ネック**になって、その企画は会議を通らなかった。

＊ネックになる（＝問題になる）

問題２（＿＿＿は正しい表現の例）

11 それは日本に**持ち込む**ことはできないんじゃないの。

2．パソコンに音符を打ち込んで…
3．無理やり口に押し込んだ
4．バッグに詰め込んで／詰めて／入れて

12 私は、震災で被害を受けたことが**トラウマ**になっている。

＊「トラウマ」は過去にあったショックなできごとが原因の精神的な傷のこと

13 彼は体が不自由であるという**ハンデ**を乗り越えて、国立大学に合格した。

＊「ハンデ」は不利な条約のこと

14 父が意識を**取り戻して**、また話ができることを願っています。

＊「取り戻す」は一度なくしたものをもう一度自分のものにするという意味

1．災害を乗り越えて立ち直った

15 年をとったせいか、最近の若者との**ギャップ**を感じる。

＊「ギャップ」は大きなズレや食い違いのこと

4．あなたと私のギャップに驚いてしまった。

問題３

16 新型の車のデザインを**ラフに（おおまかに）**手書きで書いてみました。

17 彼は病気で入院していたので、一年**ダブった**（留年した）。

18 始まったばかりのドラマがもう**打ち切り**（終了）になってしまった。

19 デパートの開店と同時に、客が**押し寄せて**（どっと入って）きた。

20 彼女に新しいドラマへの出演の**申し入れ**（**オファー**）が来た。

第８週

1日目　練習（p.139）

① 熱いなべを手で**じかに**つかんで、やけどをしてしまった。
② かゆいので肌をかきむしったら、血が**にじんで**きた。
③ 最近、お酒を飲む量を減らそうと**心がけて**います。
④ 転んだら、腰の骨に**ひび**が入ってしまった。
⑤ 私は**小粒の**納豆が好きです。
⑥ **しなびた**白菜があったが、スープにしたらおいしかった。
⑦ 彼は、**いかにも**政治家らしい口調で話す。
⑧ 靴のひもが**ほどけて**いるよ。

2日目　練習（p.141）

① スリを追いかけたが、途中で**見失って**しまった。
② 全社員に**一斉**にメールを送った。
③ 古い家がリフォームで、**見違える**ようになった。
④ ドラマの最終回を**見逃して**しまった。
⑤ 黒い煙が空**一面**に広がっている。
⑥ ここからの眺めは、**一見**の価値がある。
⑦ この棚の商品は**一律**３割引きになっています。
⑧ 新型の車は、以前のデザインを**一新**した。

3日目　練習（p.143）

① 彼の人を見下した態度が、**鼻につく**。
② あの人は口が**こえている**から、そのレストランの料理では満足しないでしょう。
③ 答えるのに頭を**かかえる**ような質問がたくさん来た。
④ ありがとうございます。そうしていただけると私の**顔が立ちます**。
⑤ 彼の努力には**頭が下がる**。
⑥ 美しい歌声に**耳を傾けた**。
⑦ 彼女はそれを聞いたとたん、**目を丸くして**驚きの声をあげた。
⑧ 女優の中でも、彼女は特に**目を引く**美しい女性です。

4日目　練習（p.145）

① 服装だけでなく髪型にも**気を配る**。
② イカの刺身は**足が早い**ので、今日中に食べたほうがいいです。
③ 私の学校は、やたら規律にうるさいので**息が詰まる**。
④ その景色の美しさに、思わず**息をのんだ**。
⑤ 客が多くても少なくても、彼はいつも**手を抜かない**演奏をする。
⑥ 老いた母は、我が子の帰国を**首を**長くして待っていた。
⑦ こんな大きな犬を飼うのは、ちょっと私の**手に余る**と思います。
⑧ ハイキングで一日中歩き回ったら、足が**棒になった**。

5日目　練習（p.147）

① 祖父の自慢話は、**耳にたこが出来るほど**聞かされた。
② **差し支えなければ**、お名前をお教えくださいませんか。
③ 若いころなら**いざ知らず**、今そんな無茶をすると体を壊すよ。
④ 欲を言えば、**キリ**がないから、このくらいのアパートでいいんじゃないかな。

⑤ **来る**10月10日に、体育祭が行われます。
⑥ **申し訳ありませんが**、その商品は弊社では取り扱っておりません。
⑦ **のどから手が出るほど**、あのドレスがほしいです。
⑧ **お騒がせして**申し訳ありません。

6日目　練習（p.149）

① 恩師の名前を**度忘れ**した。
② ボーリングの投球の**こつ**をつかんだ。
③ 彼の話は時間的に**つじつま**が合わない。
④ ビルの完成のめどがやっと**たった**。
⑤ 彼らは、とても**お似合い**のカップルですね。
⑥ 彼はシャツのボタンを**互い違い**に止めていた。
⑦ 初対面の彼女に**一目ぼれ**してしまった。
⑧ 時間を**勘違い**して、待ち合わせに遅れてしまった。

7日目　まとめの問題（p.152 ～ 154）

問題1

1 子犬のしつけには、**手を焼いて**います。
＊手を焼いている（＝困っている）
2 彼の才能には、社長も**一目**置いています。
＊一目置く（＝相手が優れているところを認め、敬意を払う）
3 火事で家が焼け、彼は財産も**何もかも**失ってしまった。
＊何もかも（＝すべて）失う
4 秋の夜、老いた母は虫の声を**耳をすまして**聞いていた。
＊耳をすまして（＝聞こうと集中して）
5 彼女と待ち合わせしたが、どうも**行き違い**になったようで、結局会うことができなかった。
＊行き違いになる（＝すれ違いになる）
6 朝の魚市場は、**猫の手も借りたいほど**忙しい。
7 この電球は高いけれど、**長い目で見ると**、結局は節約になる。
＊長い目で見る（＝今のことだけ考えず、長期的に考える）
8 お風呂場のリフォームをするため、業者に**見積もり**をしてもらった。
9 前はおいしいと思ったのにそう思えないのは、**口が肥えて**しまったのかもしれない。
＊口が肥える（＝おいしいものを食べ慣れて、「おいしい」と思うレベルが上がっている）
10 電気のコードが**ねじれて**いると、熱を持つから危ないですよ。

問題2（_____は正しい表現の例）

11 ぬいぐるみの頭とシッポを**あべこべ**につけてしまった。
＊「あべこべ」は順序や位置が逆さまに入れ替わっている様子を表す
1．つじつまが合わない
2．でこぼこしている
3．互い違い／交互に通行した
12 今まで覚えていたのに、**度忘れ**してしまった。
＊「度忘れ」は知っているはずのことを、その場で忘れて思い出せないこと
3．傘の忘れ物が多い
13 **気が散る**からテレビを消して。
＊「気が散る」は一つのことに気持ちを集中できないという意味
14 海外旅行でお土産を買いすぎて、予算から**足が出て**しまった。
＊「足が出る」は出費が多く、予算が足りなくなるという意味
2．いたずらな子に手を焼く
15 そのラーメン屋の看板には、**いかにも**おいしそうなラーメンの絵が描かれている。
1．いかに能力があるかを

問題3

16 痛み止めの注射をしたので、**じきに**（すぐに）痛みは和らいでくるでしょう。

17 彼は、**仕事一筋の**（仕事に熱中した）生活をしている。

18 これは、**私の手に負えない**（私にはできない）問題だ。

19 彼女のことは、**一から十まで**（すべて）知っているつもりだ。

20 このおもちゃは、**一頃**（一時期）とてもよくはやったね。

模擬試験　第1回

答え

問題1　1 3　2 1　3 4　4 3　5 3
6 2　7 1　8 2　9 4　10 4
11 1　12 2　13 3　14 1

問題2　15 2　16 4　17 3　18 1　19 1
20 3

問題3　21 1　22 3　23 2　24 4　25 2

正解文・解説

問題1

1 風邪を**こじらせない**ように、治りかけには気をつけましょう。(p.19)

＊こじらせる（＝長引かせる）

2 彼とは、中学から大学まで同じ学校だったのに、**ろくに**話したこともない。(p.39、p.55)

＊ろくに〜ない（＝ほとんど〜ない）

3 その詳細については、今週発売の雑誌の**特集**記事に載っている。(p.74)

4 あの子は乱暴な口をきいていますが、**根**は優しいいい子なんです。(p.111)

＊根（＝本来の性質）

5 いやな過去は忘れて、一から**出直したい**。(p.130)

＊出直す（＝再出発する）

6 駅前の高層マンションの建築は、今のところ**スムーズに**進行しているようだ。(p.121)

＊スムーズに（＝順調に）

7 私は背骨のゆがみを**矯正する**ために、毎週、整形外科に通っている。(p.22)

＊矯正する（＝正常な状態にする）

8 台風の被害による橋の修理には、**大まかに**言って2週間はかかるでしょう。(p.41)

＊大まかに（＝ざっと）

9 **いざ**という時に頼りになる人が本当の親友と言えるだろう。(p.54、p.146)

＊いざという時（＝もしもの時）

10 我が国の出生率は、前年度を**下回る**という状況が10年以上続いている。(p.68)

11 健康診断の結果、医者から酒は**ほどほど**にするようにと言われている。(p.49)

＊ほどほど（＝ちょうどいい程度）

12 大会社に就職すれば安心だというのは、**もはや**古い考え方だ。(p.58)

13 そんな**大胆な**ワンピースは着ると落ち着かないから、私は買わない。(p.37)

14 知事が変わり、この地域の子どもを**取り巻く**環境に大きな変化があった。(p.126)

問題2

15 上司の意見を疑問に思い、つい話の途中に**口をはさんで**（**割り込んで**）しまった。(p.102、p.127)

16 丁寧なお返事に、**誠に**（非常に）感謝しております。(p.56)

17 僕はその事件と関わっていないと**きっぱりと**（**胸を張って**）言えます。(p.52、p.106)

18 兄は食事もまともに取らないで、一日中ゲームに**はまっている**（熱中している）。(p.34)

19 彼は英語が**流暢**（ペラペラ）で驚いた。(p.37)

20 私の開発した試作品が明日出来上がってくる。**わくわくする**（**待ち遠しい**）。(p.14、p.50)

問題3（＿＿＿は正しい表現の例）

21 駅前にできた新しいレストランは、**凝った**造りをしている。(p.30)

＊「凝る」この文での意味は、細かい所にまで色々と工夫をするという意味

2．二度の失敗に懲りる

3．彼は物事にこだわらない

22 社長の**意向**で、来年度の新入社員の募集がなくなった。(p.72)

1．このクラスの学習進度

2．意志が弱い人間

4．アンケートの回答によると

23 父は年を取るにつれて、**理屈っぽく**なった。(p.13)

1．近所付き合いがわずらわしい

3．筋の通った論文

24 結婚する**前提**で交際をしていたが、最近、彼とうまくいっていない。(p.85)

＊「前提」はある物事が成り立つための前置きとなる条件のことを言う

2．前例がない

3．前置きが長くなる

25 この会社には、後輩を**引き立てて**くれるような先輩はいない。(p.126)

＊「引き立てる」は特別に目をかけるという意味を表す

1．利率を引き上げる

3．あの事件を引き起こした犯人

4．床を磨く

模擬試験　第2回

答え

問題1	1 2	2 1	3 4	4 4	5 1
	6 4	7 2	8 3	9 1	10 2
	11 2	12 4	13 4	14 1	
問題2	15 1	16 4	17 2	18 2	19 1
	20 3				
問題3	21 3	22 4	23 3	24 1	25 2

正解文・解説

問題1

1 最新の医療と母親の**辛抱強い**看病のおかげで、彼の病気は完治した。(p.12)

＊辛抱強い（＝がまん強い）

2 お客様のご希望に**沿えず**、大変申し訳ございませんが、ご了承くださいますようお願い申し上げます。(p.91)

＊希望に沿えず（＝希望を受け入れることができず）

3 私の**軽率な**行動が原因で、友人に不信感を抱かせてしまった。(p.13)

＊軽率な（＝あまりよく考えない）

4 彼は、最後に逆転ホームランを**放ち**、チームに勝利を導いた。(p.91)

5 必要経費を最小限に**とどめている**が、経営する店の存続は厳しい。(p.34)

＊とどめる（＝止める）

6 この家は住みやすくて気に入っている。欲を言えば**きりがない**が、コンセントの位置が残念だ。(p.146)

＊きりがない（＝終わりが見えない）

7 今月のノルマを達成するという**プレッシャー**から、眠れない日が続いている。(p.123)

8 彼の遅刻の言い訳は、いつも**ワンパターン**である。(p.124)

9 キャンプ場で８歳の少女が消息を**絶って**から、もう２年になる。(p.91)

＊消息を絶つ（＝行方不明になる）

10 小学校時代の友人が泊まりに来た。話の**種**が尽きなくて、夜を明かした。(p.113)

＊種（＝材料）

11 あの人の顔はわかるんだけれど、名前が**さっぱり**思い出せない。(p.52、p.55)

＊さっぱり〜ない（＝全然〜ない）

12 私は**裕福な**家庭で育ったが、父親の会社が倒産してから苦労の連続だった。(p.12)

＊裕福な家庭（＝経済的に恵まれている家庭）

13 お客様の問い合わせメールには、**すみやかに**返信するよう心掛けてください。(p.36)

＊すみやかに（＝直ちに）

14 彼は、人を**見下す**ような態度を取るので、嫌いだ。(p.72)

＊見下す（＝バカにする）

問題2

15 その会社の申し出を受け入れるのか、退けるのか、**いずれにせよ**（どの道）、返事は今週中でという早急な決断が迫られている。(p.59)

16 希望の大学の入試問題に挑戦したが、**手も足も出なかった**（まったく取り組めなかった）。(p.144)

17 少子高齢化が進み、我が国の**前途**（先行き）が不安になってくる。(p.85)

18 友人の誘いに**乗って**（応じて）、ギャンブルに手を出してしまった。(p.104)

19 彼女の連勝記録を**阻む**（破る）相手は、当分現れないだろう。(p.20)

20 これは、ここを押すとふたが空いて電源が入るという**仕組み**（構造）になっています。(p.89)

問題3（＿＿＿は正しい表現の例）

21 この辺りは、空高く**そびえる**超高層ビルばかりで、緑が少ない。(p.32)

＊「そびえる」は非常に高く立つという意味を表す

1．気持ちがたかぶる

2．生活費がかさむ

4．板が反る

22 その話し合いでは、**建設的**な意見はほとんど出なかった。(p.95)

＊「建設的な意見」は、現状をよりよくしようとする提案や考え方という意味

1．積極的に質問する

2．自発的に参加した

3．率直に言って

23 好きな人に気持ちがわかってもらえず、とても**切ない**。(p.14)

＊「切ない」とは、悲しくて胸が締め付けられるような気持ちを表す

2．きまりが悪かった

4．うっとおしい天気

24 お金持ちにならなくてもいい、**人並み**に食べていければ十分だ。(p.94)

＊「人並み」とは、世間一般の人と同じ程度であることを表す

2．物事の善悪

3．従来通り

4．人任せにする

25 今日のお昼ごろ、食事がお済みになったころを**見計らって**伺います。(p.141)

＊「見計らう」はだいたいの見当をつけるという意味

1．間違いを見落として

3．見積もりで

4．目的を見失って

MEMO

MEMO

95166-B-230221